JN062871

ちょっとまじめに英語を学ぶシリーズ 3

接辞から見た英語

語彙力向上をめざして

西川盛雄 著

ひつじ書房

ちょっとまじめに英語を学ぶシリーズ
刊行のことば

　英語の習得には多大な時間と労力を要します。ところが書店には、「1日15分で」「おどろくほど簡単に」「面白いほど身につく」という具合に、いとも簡単に英会話ができるようになることを宣伝したり、特効薬のように英語力が向上することを謳っている書籍が多く見受けられます。このような書籍を、売らんかな商法の本であると批判することは容易なことですが、英語を学びたいという願望を多くの人が持っているということの現れでもあります。そうであるなら、このような状況に鑑み、お手軽にマスターできることを謳う方向とは逆の、コツコツまじめに英語を学びたい、やり直したい人に役立つ学習書を提供したいと私たちは考え、「ちょっとまじめに」シリーズを企画しました。このシリーズでは各執筆者の専門領域の知見と教育経験に裏打ちされた効果的な学習方法が、わかりやすく解説されています。専門的な知識に触れながら、かつ楽しく英語を学びたい人たちの一助となることができましたら幸いです。

2017年7月

赤野一郎・内田聖二

はじめに

　接辞から見た英語の景色はまるで1つの大きなパノラマのようです。その姿は音声による発話や文字による文章といった形をとりながら、そこには配列されている語や文に表れた人間の豊かな知（knowledge）の世界が拡がっています。そして、ここには計り知れない文化、歴史、風土のダイナミズムが息づいています。

　「好きこそものの上手なれ」という俚諺がありますが、読者の皆様にはぜひ英語が好きになっていただきたいと思っています。好きになるには英語が「面白い、もっと知りたい」と思い、さらに「使ってみたい」と思うようになることです。知らなかったことを知り、分からなかったことが分かったとき人は喜びを感じます。「知る」ためには「知らなかった」ことを自分で調べ、探求するか、知っている人（あるいは書物）に教えてもらうことです。

　「分かる」ための出発点は不思議を感じることが一番です。「何故」（why）という問いかけには「それは～だから」（because）という理由の説明が伴います。その説明に納得がいったとき人は「あ～、そうだったのか」という思いが胸に落ち、「分かった」という心が拡がって嬉しさがこみ上げて来ると思います。

　本書の中心テーマは英語の接辞（affix）による造語のメカニズムの理解を深めることです。接辞とはある語の前または後ろに付いてその語の時制（現在、過去）や数（単数、複数）を変えたり、意味を拡張したりする役割を担うもので、それ自体として独立し

た語として用いられることはありません。英語には主に接頭辞と接尾辞があります。

このメカニズムには造語上の節約（economy）の原理が働いています。これは効率的にしかも最適性をもって造語するために必要なものです。英語における造語過程のメカニズム、語彙使用の最適な文脈的妥当性（relevance）、語彙の文化史的背景やいわれ（語源）、丁寧表現を表わすポライトネス（politeness）など対人間のコミュニケーションの場における使用（use）上の制約を知ることによって英語の理解がきっと深まってくるに違いありません。

筆者はかつて sign（記号、標識）という語が接辞を駆使することによってずいぶん多くの新しい語が派生されていることに驚いたことがありました。この種の語は造語のための基本となるベース（もとの語）として接頭辞 [ad-]（ここでは同化により [as-]）を付ければ動詞の assign（割り当てる）ができます。接頭辞 [de-] を付ければ design（デザイン）、[re-] が付けば resign（辞任する）、[con-] が付けば consign（〜の状況に委ねる／追いやる）ができます。接尾辞で名詞／形容詞を形成する語尾 [-al] が付けば signal（シグナル）、動詞を形成する語尾 [-(i)fy] が付けば signify（表わす、意味する）、行為者を表わす名詞を形成する語尾 [-er] を付ければ signer（署名者）ができます。さらに接辞を前後に複数個組み合わせれば assignment（割り当て、宿題）、significance（意義）、signature（署名）、designation（名称、表示）、insignificant（取るに足らない）などと次々に拡張することができます。これは接辞付与による認知領域の拡張のプロセスに他なりません。接辞は小さい体躯ながら実に賢くて大きな力をもったまるで一寸法師のようです。

　このように英語の語形成のプロセスは人間の認知過程の拡張や多様化と相まって興味深いものがあります。そして語を形成する構成要素間において不適切な結合を避ける一定の原理や制約がはたらいています。発音においては子音と母音の組み合わせ、強勢（ストレス）の位置変化などにも一定の制約があります。接辞付与によって直喩（[-like]）や否定（[un-]、[in-]、[-less] など）や動詞形成の [-ize] [-(i)fy] [-en] など、愛称の標識（マーカー）の指小辞（[-ie/-y]、[-let]、[-kin] など）の付与によって語の意味変化や機能（品詞）変化をもたらします。さらに語は歴史的・風土的背景やいわれ（語源）がありそれ自体で豊かな世界をもっています。また語を使用する場合には相手に対して「失礼な表現を避ける」という言語使用（use）上の原理がはたらきます。英語では呼称辞（たとえば Mr./Ms./Esq./Rev. など）を固有名詞の前または後ろに付けたり、日本語では「〜様」「〜殿」「〜閣下」などといった語尾の付与によって敬意が担保されます。

　最近、外国語としての英語学習についてさまざまな考えが飛び

交っています。筆者は英語学習に際してはしっかりとした骨太の英語力を身につける必要があると思っています。その英語力とは知に裏付けられて身につき、無意識のうちにはたらくようになった英語運用能力のことです。これは状況に応じて発話を行い、その適切性を自らチェックすることのできる能力です。この能力が身につけば挨拶英語や観光英語にとどまらず、これらを含めて自らの考えや気持ちを伝え、相手のそれを理解することができるようになります。このような英語力を身につけるには英語の基本を知り、それなりの努力が必要になりましょう。

　第1章では本書の背景知識として接辞とはどういうものかについて述べます。さらに語形成における接辞の有益性とその役割に焦点をあてます。語形成は人間の認知過程（思考）と深く関わり、接辞付与による造語過程は人間の思考の領域を拡張してくれます。

　第2章では英語を学ぶ上で大切な英語の歴史について述べます。ここでは接辞付与による造語過程の基本にある「同一語源結合の原則」を提案します。英語は歴史的に、古来からの英語に対して外来の言語が接触（衝突）することによって両者混淆し、その結果としてさまざまな変容を受けてきました。同じ否定の接頭辞にも関わらず、［un-］［in-］［a-］［non-］などと複数個あるのは何故か、また同じ否定の接頭辞なのにunkindは適切で *inkind（以後アステリスク（＊）は受容不可という印です）は不適切なのは

何故か、この種の問いかけに答えようとすれば歴史的な視点が必要になります。さらにこの章では既存語と新造語の対比や複数接辞の結合の順序性について述べます。

　第3章では語形成要素には自立語、連結語、接辞の3種類あり、それぞれの豊かな組み合わせについて述べます。このことを語形成の円形モデルで表示し、特にラテン語に由来する接辞の動詞への付与過程について述べます。

　第4章では英語の造語上、語と文の基本的な相違について述べ、句（phrase）が語（word）となる語彙化現象、固有名詞が普通名詞となる名祖（なおや）による語形成、その他混淆、省略、逆成、頭字法について述べ、さらにギリシャ神話に登場する神々に因んだ造語事例にも触れておきます。

　第5章では英語接辞の諸相の理解のために「数詞」、「指小辞」、「否定接辞」、「医学用語の接辞」、「人名の接辞」、「地名の接辞」「複雑述語」などにおいてどのような接辞があり、またそれぞれがどのような役割を果たしているかについて述べます。

　第6章では日本語の接辞について触れます。日本語と英語における接辞形成過程の比較ができるからです。日本語には旧来の大和言葉の訓読み（和語）と外来の中国から来た音読み（漢語）があり、それぞれの接辞が共存しています。その関係は旧来のアングロ・サクソン語系の英語と外来のギリシャ語系、ラテン語系な

どの語との接触、混淆、変容をめぐる関係に似ています。ここでは和語、漢語それぞれの接頭辞、接尾辞、さらに敬称の接辞、動詞由来の接頭辞などについて述べます。

　第7章では造語過程における接辞と発音との関係について述べます。造語におけるストレス（強勢）の位置移動、形式としての接辞付与の存在しないゼロ派生、接辞と発音の同化現象と変異体、日英語のオノマトペなどについて述べます。

　第8章では言語学上の文法化現象（grammaticalization）によってできる接辞について述べます。かつて文中で単独の自立語であった語が、機能変化を起して接辞化する現象です。たとえば［-wise］、［-proof］、［-bound］、［-able］などその例は少なくありません。

　第9章では辞書における接辞記述について触れます。概ね辞書による接辞記述は多くはありません。しかし筆者は接辞やそのいわれの辞書記述は豊かであって欲しいと願っています。これは英語学習上の意欲の向上に役立つからです。英語の接辞付与による造語のメカニズムや語源的ないわれが分かれば「あ〜そうだったのか」の一言とともに英語がきっと面白くなるに違いありません。

2021年6月
西川盛雄

目次

接辞から英語を知る

接辞の力

なぜ接辞が大切か？

　接辞付与による派生語形成は複合語形成と並んで語形成過程の要であり、語彙の力を豊かにしてくれます。英語の多くの語はその基になる語に接辞を付与して基体の概念を膨らませてできたものです。たとえばもとの語［nation］から nation-al, inter-na-tion-al, inter-nation-alize, inter-national-iz (e)-ation といった接辞付与による拡張のプロセスで「国際化する」という意味の派生語ができあがります。日常的な辞書にリストされている英語でもっとも長い語彙の1つと思われる disestablishmentarianism（国教制度廃止論）も establish をもとの語とし、これに接頭辞の［dis-］が付与され、さらに後続の接尾辞の［-ment］、［-arian］、［-ism］が累積的に付与されることによってできあがったものです。

　このような長い語彙でなくとも卑近な語である music からは musician（音楽家）、musical（音楽の／ミュージカル）ができ、rain から rainy（雨の多い）、rainproof（雨除けの）ができます。さらに mother からは motherless（母親のいない）、motherly（母親のような）、mother-to-be（もうすぐ母親になる人）、motherese（母親ことば）、motherhood（母親らしさ）などの語ができます。

　動詞の see からは foresee（予見する）、seer（先見者）ができ、seeing (that)〜となると接続詞となって「〜であることに照らして」という意味になります。talk から talkie（トーキー（発声）映画）、talkative（お喋りな）ができ、teach からは teacher（先生）や teaching（教えること、教職）に加えて teachable（教えることが

可能な）、teach-in（大学などで行われる討論集会）が造られます。

　形容詞である high からは highly（大いに／高度に）、His High-ness 〜（〜殿下）ができ、pure から purify（浄化する）purification（浄化）、purity（清らかさ）ができます。wide からは widen（広くする）、width（広さ、幅）、widely（広く）ができます。このように、語形成において小さな体で大きなはたらきをする優れものが接辞なのです。

接辞の特徴

　接辞はそれ自体独立した語として機能することはありません。つねにもとの語に付与されてはじめてその役割を果たします。たとえば [un-]、[pre-]、[tele-]、[semi-]、[psycho-] などの接頭辞、[-less]、[-ness]、[-(i)fy]、[-ate]、[-wise]、などの接尾辞は文の中で独立した語彙として機能することはありません。しかし接辞は語形成上の工夫としてきわめて合理的で語の多産を可能にしてくれ、辞書項目として記載されます。その特徴は以下の通りです。

　【1】もとの語の文法機能（品詞）を変えることができる。

　【2】もとの語の意味を拡張または逆転することができる。

　たとえば【1】の場合、care から careful や mother から motherless のように名詞を形容詞に変えます。agree から agreement や act から action のように動詞を名詞に変えます。また sleep から sleepy、read から readable のように動詞を形容詞に変えます。また kind から kindness、active から activity のように形容詞を名詞に変えます。また名詞 colony から colonize や形容詞 simple から

simplify のように名詞や形容詞を動詞に変えることができます。

【2】の場合、品詞こそ変化はありませんが child-childhood や bond-bondage のように具象名詞を抽象名詞に意味拡張を行い、さらに形容詞の sane から insane, certain から uncertain, honest から dishonest、名詞の sense から nonsense、あるいは接尾辞で mercy から merciless のようにもとの語の意味を逆転することができます。もとの語のことを本書では基体と呼ぶこともあります。

派生と屈折

これまで述べた語形成過程は派生（derivation）といわれますが、他に屈折（inflection）があります。その役割は現代英語では概ね以下の3つです。

【1】語が名詞の場合、数概念を区別して語尾（-(e)s）を付与することによって単数を複数にする。

【2】語が動詞の場合、時制を区別して［-(e)s］を付与することによって三人称単数現在形、［-ed］を付与することによって過去形または過去分詞形をつくる。

【3】語が形容詞の場合、比較級（-er）と最上級（-est）をつくる。

これらは英語においては典型的なものですが、例外的に特異な事例として、【1】の名詞の場合は sheep, cattle など単複両形式が同一のもの、brother のアングロ・サクソン系の brethren や oxen

のように語尾に［-en］を付与するもの、ラテン語の alumnus（同窓生）の複数形 alumni、curriculum（カリキュラム）の複数形 curricula のように語尾が単数形の［-us］［-um］から複数語尾の［-i］［-a］に変化するもの、単数の thesis（論文）から複数形の theses のように語尾［-is］が［-es］に変形するものなどがあります。【2】の動詞の場合は hit, put のように時制において現在形と過去形が同一のものもあります。このような場合、数が単数か複数か、時制が現在形か過去形かは文脈によって決定されますが、ベースとなる語の文法機能は変わりません。そして語尾が規則変化の場合は派生語とは異なって一般的に辞書にリストされることはありません。【3】の場合は little に対して less-least, late に対して latter-last のように不規則変化の場合は例外となります。

・・・
(1-2)
・・・

接辞付与のダイナミズム

　語形成過程においては節約の原理がはたらき、既存の語を変容させて新語が造られます。また、語は接辞付与によって意味的に拡張されるか機能的に品詞の変化を受けます。たとえば、英語に入ったフランス語系の接尾辞［-esque］を用いて［Arab］から Arabesque（アラベスク）、［Rome］から Romanesque（ロマネスク）、［humor］から humoresque（ユーモレスク）ができます。以後、ギリシャ語、ラテン語、英語以外の古語はイタリック体にします。元々 16、7世紀のスペインやフランスで文学で用いられていた悪漢［*picaro*］に由来する語で、現在も限定的に悪漢を扱っ

た小説や映画には picaresque（ピカレスク）が用いられます。文学などで茶化したりふざけたりした表現に対してはスペイン語の冗談（[*burla*]）に由来する burlesque（バーレスク）があります。イタリア語の小洞窟（[*grottesca*]）に源を発する grotesque（グロテスク）には異様、奇怪なニュアンスが含まれています。

　sight と seeing が結合されて sightseeing（観光）ができますが、次に語尾の [-ing] が削除されて sightsee という動詞が新たに造語され、さらにこれに「行為する人」を表わす接尾辞 [-er] を付けて sightseer（観光客）ができあがります。sightsee という語が元からあったわけではないのでこれを「逆成」（back-formation）といいます。また動詞 edit（編集する）は編集者（editor）から、さらに動詞 sculpt（彫刻する）は元々あった sculpture（彫刻）からの逆成です。

　人名の場合 Adam に指小辞 [-kin] を付与することで Atkin ができ、これが「一族に属すること」を表わす接尾辞 [-s] によって Atkins となります。聖人を示す [saint-] を冠する Saint-Clair から Sinclair、Saint-Maur からは Seymour ができます。

　「もうすぐ X となる」「X となる予定の」は [X-to-be] で表わしますが、bride-to-be は「結婚間近の女性」、president-to-be は「次期大統領／会長」です。この接尾辞 [-to-be] は統語的な "She is to be a bride."（「彼女はもうすぐ花嫁になる。」）などの文から [to be] の部分が語彙化され、さらに接尾辞に変容したものです。他に husband-to-be（もうすぐ夫となる人）に加えて "the soon-to-be famous Edwin Hubble"（程なく有名になるエドウイン・ハッブル〈ハッブル宇宙望遠鏡の発明者〉）の soon のようにもとの語に名詞以外のものをとることもあります。

　新しい語はその必要性において旧来の語を活用して、時に換骨

奪胎して造語されます。そして必要がなくなれば使用されなくなります。yesterday は日常的な言い方ですが、yesternight, yesteryear などは現代では文語的な文脈で見られる程度です。2週間を表わす fortnight は、アングロ・サクソン民族は日数を数えるのに昼（day）ではなく夜（night）を基本にしていたので fourteen nights（14夜；2週間）が短縮されて fortnight になりました。

　やや古風な表現ながら「客間、応接室」を表わす語は drawing room ですが、これだけでは何故 "draw" なのか分かりません。これは元々 withdrawing room でしたが、語頭の接頭辞［with-］が脱落してできたものです。ここでは来訪者が食事を取った後 dining room（食堂）を withdraw（退いて）談笑とくつろぎのための部屋に移動していたことを窺わせます。"with" は古い英語では「退いて、対抗して」の意味でした。

　ハイフンによって造られた形容詞句を一気に語彙化した事例として the simple-to-serve recipe（簡単レシピ）があります。thoroughbred（サラブレッド）は名詞で「純血種の競走馬」の意味ですが、through の異形である "thorough" と breed（飼育する）の過去分詞形 bred の結合によって造られたものです。

　ラテン語系の接尾辞［-ist］は biologist（生物学者）や physicist（物理学者）のような科学者、pianist（ピアニスト）、oboist（オーボエ奏者）のような「演奏家」が一般ですが、特異な使われ方としてある種の差別主義者を指すことがあります。racist（人種差別主義者）、sexist（性差別主義者）、ageist（高齢者差別主義者）、speechist（言語障がい者差別主義者）などです。これは社会的に否定的な主義・主張を頑固に信奉する特異な人を表わすための語です。

　ジャーナリズムの世界で Thatcherize, Reaganize といった固有

名詞を接辞によって動詞化する場合があります。ここでは元イギリス首相 Margaret Thatcher（在位 1979–90）、第 40 代アメリカ大統領 Donald Reagan（在位 1981–89）の〈姓〉がもとの語となり、この二人の人物のような政策、振る舞いを行うことを動詞形成接尾辞 [-ize] を付与することによって表わしています。ここには形式的な造語過程の説明にとどまらず、時代を反映し、造語による新しい認知の拡張が実現されているといえます。

1-3

接辞付与による認知領域の拡張

　既存の語に接辞を付与することは新しい意味領域を拡張することになります。名詞 war を基体として接頭辞の [pre-] が付与されれば prewar（戦前）、逆の意味の接頭辞 [post-] が付与されれば postwar（戦後）ができます。接尾辞の [-(o)logy] は元々ギリシャ語で「論理、言葉」を表わす *logos*（ロゴス）に由来しますが、語頭にさまざまな領域を表わす要素を置けば、psychology（心理学）、archeology（考古学）、theology（神学）、etymology（語源学）、mythology（神話学）、cardiology（心臓（病）学）など多くの学問分野を表わす語ができます。さらに接辞によって微妙なニュアンスの違いを使い分ける場合もあります。たとえば、[child] を基体としてこれに接尾辞 [-like] を付加した childlike は一般的に childlike innocence（子どもらしい純真さ）のように中庸を得た意味を表わしますが、接尾辞 [-ish] を付加した child-ish の場合は特に対象が大人の場合には childish behavior（子ども

じみた振舞い）のように負のニュアンスをもった語になります。

　接尾辞［-ness］［-ity］は両者とも形容詞を抽象名詞に変えますがおのずからその用いられ方に制約があります。たとえば、［-ness］の前に来るもとの語は darkness（暗闇）の dark のようにアングロ・サクソン語系の形容詞、［-ity］の前のもとの語は probability（確率）の probable のようにラテン語由来の語が原則です。これが逆になって「暗闇」が *darkity になったり「確率」が *proba-bleness になることはありません。

　「近代化」を意味する modernize はもとの語の形容詞（modern）に使役の意味を表わす動詞形成接尾辞［-ize］が付与されて意味と品詞の変化が生じたものです。しかしもとの語が形容詞でも simple の場合、動詞にするのに simplify のように動詞形成接尾辞［-(i)fy］を付与し、short の場合、shorten のように接尾辞［-en］を付与してそれぞれ使い分けています。ここでは元来［-ize］はギリシャ語起源の接尾辞でもとの語はギリシャ語あるいはラテン語系の形容詞を動詞にする特徴があり、［-(i)fy］は古フランス語から中英語に入った接尾辞でもとの語はラテン語由来の形容詞を動詞にする特徴があり、［-en］はアングロ・サクソン語系の動詞形成の接尾辞でもとの語は同系のものに付与されるという特徴があります。

　接辞が複数個付加されるとさらに語彙の意味あるいは機能の拡張がおこります。childishness, hopelessness は、それぞれ接尾辞［-ish］、［-less］によって派生を受けた形容詞が［-ness］によって抽象名詞化されています。realization は接尾辞［-ize］によって造られた動詞（realize）がやはり名詞形成接尾辞［-ation］によって抽象名詞化されています。

　ここで、派生語の枠組みを［［もとの語（Base）］＋［接辞］（affix）］

としておきます。［接辞］を取らない場合はゼロ接辞の語と考えておきます。ここで［もとの語］（Base）とは語の意味的な中核を担う〈認知の主要部〉です。［接辞］（affix）とはこのもとの語に関わってその意味と文法的機能を変える〈認知の拡張部〉です。これをまとめると派生による語形成過程は次のような枠組みになります。

(1)　派生語：［もとの語（Base）＋接辞（affix）］
　　　　　　　（もとの語：認知の主要部　接辞：認知の拡張部）

　なお英語の接辞には接頭辞と接尾辞があります。
　ここから派生語はもとの語と接辞の合成されたヴェクトル構造と捉え、以下のように図式化してみます。

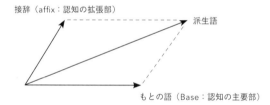

　たとえば、接尾辞［-ful］を用いた［tasteful］（趣味のよい）の場合には次のようになります。

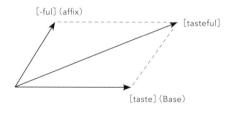

さらに、接辞の数が増えるとこのヴェクトルがより念入りなものになりますが、それは語による認知世界の拡張の程度と連動することになります。接辞を前後にもつ indirectness（間接性）の場合は基体である主要部 ［direct］の意味を逆転する拡張部 ［in-］が付与されて形容詞の ［indirect］ができ、さらにこれを抽象名詞化する拡張部である名詞形成接尾辞 ［-ness］が付与されて造語されるわけです。

　接尾辞を 2 つもつ colonization（植民地化すること）の場合は認知の主要部の ［colony］を使役化して状態変化を表わす拡張部である動詞形成接尾辞 ［-ize］を付与することによって動詞 ［colonize］（植民地化する）が造られ、さらにこれに基体の「結果、状態」を表わす拡張部である名詞形成接尾辞 ［-ation］が付与されて新たな語になっていることがわかります。

変化する英語

英語は他言語との混淆言語であること

　言語学者の Denning and Leben（1995）は次の例文を示してそれぞれの下線部に「父親の」を意味する同義の paternal と fatherly のどちらを入れるのが適切かを問うています。

(1)　a.　The judge's decision restricted Tom's＿＿＿＿＿rights.
　　　　（その判事の決定はトムの父権を制限した。）

　　　b.　George gave Kim a＿＿＿＿＿smile and then went back to reading.
　　　　（ジョージはキムに父親らしい笑みを示し、それからまた読書に戻った。）

　ここで (1a) では paternal、(1b) では fatherly が入ります。著者たちはこの2つの語は同義ですが意味のニュアンスが異なると説明しています。筆者はこれに加えて両者の語源の違いからくる文体的特徴が異なることを指摘しておきたいと思います。paternal はラテン語の［pater］に同じラテン語系の形容詞形成接尾辞［-al］が付与されてできた語でやや堅苦しいニュアンスを伴っています。これに対して fatherly は古来のアングロ・サクソン語系の［fæder］に同じくアングロ・サクソン語系の形容詞形成接尾辞［-ly］が付与されてできた語で日常生活では形式ばらない表現で互いに心理的距離の近い者同士の間で用いられます。

　夏目漱石が明治36年4月より同年6月まで東京帝国大学文科

大学において行った講義『英文学形式論』の中で「一箇の思想を表はすのに二ツ以上の同義語があって、解し易さに程度が違ふことがある。デイレーイ（delay）と云へば解し易くプロクラスティネーション（procrastination）と云へば解しにくい。」といい、続けて「但し此相違は習慣から起るものである。」と述べています。ここでいう「習慣」とは長らく継承してきた語源的背景を含みます。そして両者は「遅延」を意味する同義語です。文学を理解する上で漱石はこの当時すでに類義語それぞれのニュアンスの差異を理解することの重要さを指摘している点、さすがです。

実はこの2つの語はともに習慣化され辞書にリストされている点では同じなのですが、両語は語源が異なります。delay はアングロ・サクソン語由来の語で英語圏の日常生活で比較的身近に使う語であるのに対して、procrastination はラテン語由来の語で専門的かつかなりソフィストケイトされた言い方です。したがって同義語だからといって所与のコンテキストにおいて互いに入れ換えることはできないのです。

実は英語には同義語（synonym）がとても多いのです。長い歴史の中で英語はさまざまな外来の言語と混淆してきた経緯があるからです。名詞で「自由」を表わす liberty/freedom、「悲しみ」を表わす grief/sorrow、形容詞で上記の「父親の」を表わす2つの事例に加えて「遠い」を表わす distant/far、「弱い」を表わす feeble/weak、動詞で「食する」を表わす devour/eat、「買う」を表わす purchase/buy など多くの事例があります。類義語辞典のシソーラス（*Thesaurus*）にはこの種の例が多く記載されています。ここで挙げた例では前者はラテン語系の語で元々外来の英語です。後者はアングロ・サクソン語系で古来からの英語で、両者はそれぞれに語源的背景が異なるのです。

English という語は北欧チュートン族のアングロ族（Angles）の言語 Anglisc から来ています。彼らは元々北欧に住み、ルーン文字（Runes）を持ち、これを樹皮や石に「引っ掻く」ように記していました。（これが現代英語の write の語源です。）

元々ブリテン島にはケルト民族（Celtics）が先住していました。そこに紀元前55年頃ラテン民族のローマの軍勢がブリテン島に侵攻して来たのです。現在もチェスター（Chester）、マンチェスター（Manchester）、ランカスター（Lancaster）などの地名やハドリアヌスの壁（Hadrian's Wall）、バース（Bath）の浴場などローマ時代の遺跡が残っています。その結果として先住のケルト部族は島の周辺部に追いやられました。現在もアイルランド、スコットランド、ウェールズ、マン島、アラン島などイングランドの周縁部にケルト文化の痕跡が残されています。スコットランドの Loch Ness（ネス湖）の loch は「湖」や「細長い入江」の意味でケルト語です。イングランド内にあってもシェークスピアの生誕地で有名な Stratford-upon-Avon の Avon、イングランド北東部の工業都市 Newcastle-upon-Tyne の Tyne はケルト系の川の名前として現代に残っているものです。

他方ゲルマン民族は西暦449年頃にローマ軍の弱体化とともに民族の大移動が起こります。北欧低地の北ドイツやユトランド半島周辺にいたアングロ族、サクソン族、ジュート族の一部は北海を越えてブリテン島に移住します。やがて476年には西ローマ帝国が滅び、ローマの統制が効かなくなった地域で叛乱や民族の移動が加速します。

ブリテン島ではその後5世紀から9世紀にかけて七王国（Heptarchy）に分かれて部族間の群雄割拠の時代を迎えます。この間8世紀はじめにはイギリス最古の叙事詩『ベオウルフ』

（*Beowulf*）が編まれます。これは頭韻（alliteration）を多く用いた古英語（Old English）の叙事詩で主人公の英雄ベオウルフが数々の怪獣を退治していく武勇物語です。この『ベオウルフ』は古英語で記され今に残されています。

　やがて9世紀になってブリテン島は北方ヴァイキング（Viking）のデーン人（The Danes）の侵攻を受けます。事実一旦はウェセックス王エグバート（Egbert）がイングランドを統一しますが、スカンディナヴィア半島からのデーン人の侵攻がますます激しく、時のアルフレッド大王（Alfred the Great）はデーン・ロー（The Dane-law）を成立させてからくもデーン人の定住地を制限し、侵攻を鎮静化させます。この間言語としてはヴァイキングの言語（古ノルド語）がブリテン島に入って来ました。

　ここで英語の観点からみると、この時までに本来のアングロ・サクソン語に対してすでにケルト語、ローマ帝国のラテン語、ローマ以前からあったギリシャ語、そしてヴァイキングの古ノルド語と接触・混淆していたことになります。かくして英語はこれらの言語との相互影響の結果として大きな変容を受けていきます。

　その後起こったノルマン・コンケスト（Norman Conquest: 1066）は英語にとって大きな接触、衝突、混淆、変容の契機になりました。この戦いは大陸のノルマンディー公ウィリアム（William I）の勝利に終わり、その結果現在に至るイングランドの王朝が始まりました。しかしこれは同時にノルマンディーから渡来したフランス語が公用語になり、教会、教育の場、そして社交の場などでブリテン島に大いに拡がることになります。他方旧来の英語は被支配者層の言語になり、公に日の目をみないまま14世紀後半のチョーサー（Geoffrey Chaucer: 1340–1400）の時代までこれが続くことになるのです。

英語は他言語との混淆言語であること

この間の事情は、たとえば動物の名前は cow, sheep, swine, pig とアングロ・サクソン語系ですが、この食肉を表わす beef, mutton, pork はフランス語由来の語です。これらの動物を世話し、飼育していたのは被支配層のアングロ・サクソン族、そしてこの肉を食卓で楽しんでいた支配層がフランス人であったという訳です。

この頃の英語は中英語（Middle English）といわれます。この時期は大母音推移といわれる現象が起こり、母音の変容により発音と綴りのずれが大きくなり、水平化現象（leveling）といわれる英語の屈折語尾の簡略化が起こってきます。その後 17 世紀になって英語はジェームス一世の欽定訳聖書（King James's Authorized Version: 1611）の発刊やシェークスピア（1564–1616）作品の影響などを通して近代英語の時代を迎えることになるのです。

2-2

同一語源結合の原則

このように英語は古来多くの外来言語との接触、混淆、変容の歴史を経ています。したがって同じ英語でも古来のゲルマン系のアングロ・サクソン語を基盤にして、ケルト語系、ラテン語系、ギリシャ語系、ヴァイキングの古ノルド語系、ノルマンディのフランス語系など多くの外来の言語と混淆し合っています。西川（2006）が接辞に関して調べたところでは、古来のアングロ・サクソン語系の英語は約30%、残りの約70%はラテン語、ギリシャ語由来の英語化された外来語です。

古来の英語と外来の英語の語形成にはもとの語と接辞との結合

において一般的に守られるべき原則があります。それはもとの語と接辞との間では同一語源の語形成要素間で結合されるという原則です。たがいに語源が異なれば拒絶反応が起こるのです。これに関して次のような仮説を立ててみます。

(2)　同一語源結合の原則：
　　　派生語形成におけるもとの語と接辞との結合においては基本的に同一語源のもの同士が結びつく。

　卑近な例では、アングロ・サクソン語系の否定の接頭辞 [un-] は古来のアングロ・サクソン語系のもとの語（たとえば [kind]）との結合は可能（unkind）ですが、外来の英語（たとえばラテン語系の [sane]）との結合は不可です（*unsane）。ここでは insane のようにラテン語系の否定の接頭辞 [in-] が用いられます。他に同様の理由で卑近な unhappy, untrue, unripe などは可能ですが *inhappy, *intrue, *inripe は不可です。
　また、「前もって」の意味を表わす接頭辞にはラテン語系の [pre-] とアングロ・サクソン語系の [fore-] がありますが、それぞれ次にくるもとの語は同じ語系のものです。「予言する」はラテン語系の predict に対して、アングロ・サクソン語系の foretell がありますが、この接頭辞を互いに置き替えることはできません（cf. *foredict, *pretell）。前者のもとの語である [dict] はラテン語の *dicere*（言う）から来ており、同義で後者の [tell] はアングロ・サクソン語系のもとの語だからです。
　英語には「半分」を意味するラテン語系の接辞に [semi-] がありますが、ギリシャ語系では [hemi-]、アングロ・サクソン語系では [half-] です。たとえば、semiconductor（半導体）ではも

との語の［conduct］はラテン語系であるがゆえに同一語源結合の原則に則って適切ですが、*hemi-conductor や *half-conductor はこの原則に則っていないので適切ではありません。hemisphere（半球）については接頭辞を他の語源の接頭辞と取り替えて *semisphere, *halfsphere とすることは不可です。sphere はギリシャ語系の語だからです。また halfpenny（半ペニー）については同様に *semipenny や *hemipenny とはなりません。penny は元来アングロ・サクソン語系の語だからです。

演奏者を表わす接辞には楽器の語尾に［-e(o)r］または［-ist］を付与しますが、fiddle, drum, pipe などは［-e(o)r］、guitar, organ, piano, violin などは［-ist］です。これを混同して *fiddlist, *drumist あるいは *guitarer, *organer などとすることはできません。その理由は、［-e(o)r］はアングロ・サクソン語系の接尾辞で身近に演奏される土着の楽器を想起させます。［-ist］はラテン語系の接尾辞でステージで演奏される楽器を想起させます。したがってここにも同一語源結合の原則がはたらいています。ピアノ、ハープシコード、チェロ、ヴィオラなどの楽器はルネッサンス期に文化の高かったラテン系のイタリアからゲルマン系のブリテン島に伝えられたものでした。

2-3

日常語と非日常語の棲み分け

言語同士の接触・混淆・変容のダイナミズムには上記の原則を超えて新造語を産み出し、既存のものと共存する場合がありま

す。この場合一方は日常語として用いられますが、他方は詩など
の古語・雅語の非日常語として生き残ります。ここに両者の間
の共存あるいは棲み分けがあると考えられます。たとえば、[-ful]
はアングロ・サクソン語系の接尾辞で同じ語源のもとの語であ
る［wonder］と結合してできるwonderfulは身近な日常語ですが、
ラテン語系の接尾辞［-ous］を付けてwondrousとなると、これ
は同一語源結合の原則を破っています。しかしこのような派生語
は非日常的な雅語あるいは文語体として用いられることがありま
す。次の例をみて下さい（以後例文中の太字は筆者による）。

(3)　So the Sea God's daughter became the bride of Urashima; and
　　　it was a bridal of **wondrous** splendor.
　　　Lafcadio Hearn, *The Dream of a Summer Day*
　　　（そこで竜宮王の娘が浦島の花嫁になりましたが、その華燭
　　　の宴たるや、えも言えず壮麗なものでありました。）

　またラテン語のもとの語［serve］に同じ「人」を表わすラテ
ン語系の接尾辞［-ant］が付与されたservant（使用人）は日常
語ですが、アングロ・サクソン語系の語尾［-er/-or］が付いて
servitorとなると古語として非日常的な語になります。このよう
な結合上の特異性が表現に「際立ち」を与えて表現効果を大きく
するのです。この種の新造語は文学などの修辞的表現で用いられ
ます。
　興味深い事例にbeautifulがあります。この語のもとの語は
［beauty］でラテン語から古フランス語を経て英語に入ったもの
です。しかも付加されている接尾辞は［-ful］でアングロ・サク
ソン語系です。ここでいう同一語源結合の原則に必ずしも則って

いません。しかしここではこの接辞の生産性は大きく、この語の使用頻度がとても多くなり卑近な日常語と化しました。

　元来この基体には同系ラテン語の接尾辞［-ous］の付いたbeauteous という派生形容詞がありました。次の例をみて下さい。

(4)　"the story of the Trojan War precipitated by the kidnapping of the **beauteous** Helen by Paris"
　　　Morton S. Freeman, *The History and Mystery of the Word*
　　　（絶世の美女ヘレンがパリスに誘拐されたことから生じる羽目に陥ったトロヤ戦争の物語）

　この語はここでは Helen の美しさを際立たせるための雅語として「際立ち」を与える表現となっています。

2-4

接辞付与の順序性

　英語の造語過程で接辞が複数個付加される場合が少なくありません。その場合、接辞付与の順序性には一定の制約があります。語構成要素が基体と接辞が１つずつの場合は［Pref+Base］か［Base+Suf］のいずれかです。（ここで Pref は prefix, Suf は suffix の略字です。）もとの語を①、接辞を②とすれば前者は［②＋①］、後者は［①＋②］の結合タイプになります。ここでもとの語の次の数字は付与される接辞の順序を表します。接辞が１つのタイプと事例は以下のようになります。

(5) a. ［②+①］タイプ：disclose, unfold, prewar

    b. ［①+②］タイプ：selfish, careful, colonize

　語構成要素が基体と接辞が2つの場合、接辞付与の順序性に関する結合タイプは［①+②+③］、［②+①+③］、［③+①+②］、［③+②+①］、の4つのタイプがあります。計算上は6つの可能な組み合わせがありますが、①の前後にいきなり③が隣接することはありえないので［①+③+②］と［②+③+①］は省かれます。以下にそれぞれの可能な順序性のタイプと事例を示しておきます。（ここでは便宜上もとの語を［X］とし、記号の>は左側が先行位置にあることを示しています。）

(6) a. ［①+②+③］タイプ：[X] > Suf$_1$ > Suf$_2$
    〈例〉realization: [X] > [-ize] > [-ation]
                ①   ②   ③

    b. ［②+①+③］タイプ：Pref > [X] > Suf
    〈例〉unhappily: [un-] > [happy] > [-ly]
                ②   ①   ③

    c. ［③+①+②］タイプ：Pref > [X] > Suf
    〈例〉unfriendly：[un-] > [friend] > [-ly]
                ③   ①   ②

接辞付与の順序性

23

d.［③＋②＋①］タイプ：Pref₂ ＞ Pref₁ ＞ ［X］

　　　〈例〉disentangle：［dis-］＞［en-］＞［tangle］
　　　　　　　　　　　　　③　　　　②　　　　①

　ここでは可能な事例をすべて記すことはできませんが、1つの
もとの語に複数個の接辞が連結してできる派生語の場合は自ず
からその連結の順序性に制約があります。上記（6a）ではreali-
zationはもとの語を起点として［［real＋［-ize］］＋［-ation］］と
なり、接辞の（［-ize］＞［-ation]）の順序性において［①＋②＋
③］となりますが、順序を逆にして［①＋③＋②］とすれば
realationize（［-ation］＞［-ize]）となって不可です。ここで
は接辞付与の順序性の制約がはたらくからです。他に［-ous］＞
［-ly］の順序性においてhumorously、［-ive］＞［-ity］の順序性
においてproductivityなどの例があります。

　（6b）ではunhappilyはもとの語を［happy］として接辞の［un-］
＞［-ly］の順序性において［②＋①＋③］と結合して［［［un-］
＋happy］＋［-ly]］となります。他に［in-］＞［-ance］の順序性
においてinsurance、［pre-］＞［-able］の順序性においてpredict-
ableなどが造語されます。（6c）ではunfriendlyのようにもとの
語を［friend］として接辞の［-ly］＞［un-］の順序性において［③
＋①＋②］の結合がなされ、［［un-］＋［friend＋［-ly]]］となります。
他に［-al］＞［in(l)-］の順序性においてillogical、［-ive］＞［in-］
の順序性においてineffectiveなどの造語がみられます。なお（6b）
と（6c）は表面的にはPref＞［X］＞Sufと同様に見えますが、接
辞付与の順序性が異なります。

　（6d）ではdisentangleのようにもとの語を［tangle］として接
辞の［en-］＞［dis-］の順序性において［③＋②＋①］の結合が

なされ、[[dis-] + [[en-] + tangle]] となります。他に [dis-] > [un-] の順序性において undiscover、[dis-] > [in-] の順序性において indispose が造語されます。

　他に接辞が 3 つ以上付与されてできる語においても造語過程においては、付与されるそれぞれの接辞間の順序性に制約のあることは留意しておかなければなりません。

語を形成する要素

連結辞と接辞

　前章で述べたようにギリシャ語、ラテン語、フランス語が中英語に入り、やがて17世紀以降の近代英語に繋がっていきますが、英語語彙全体の中でこのような外来語の占める割合はとても大きいといえます。接頭辞に関してはすでに西川（1998）においてAHD[3]（American Heritage Dictionary; Third Edition）の接頭辞を基にギリシャ語系41.3%、ラテン語系36.4%、アングロ・サクソン語系15.7%、語源を1つに特定し難いもの4.1%、その他2.5%という数字を算出いたしました。このことで英語の接頭辞にはギリシャ語系、ラテン語系のものが多いことが分かります。同様のことが接尾辞でもいえます。このことから英語はギリシャ語、ラテン語など外来言語との接触・混淆によって豊かになり、変容を重ねながらも今日までたくましく生き延びてきた言語であるということがわかります。

　英語の語形成要素は形式的には三種類考えられます。自立語（LF: lexical form）、連結辞（CF: combining form）、接辞（AF: affix）です。自立語はそれ自体文中で自立した語として用いられ、自由形態素（free form）といわれています。連結辞と接辞は両者ともそれ自体（もとの語）に依存し、文中で自立した語として用いられることのない拘束形態素（bound form）です。前者は意味的に指示内容が比較的具体的で、後者は抽象的であるという違いがありますが、ここでは連結辞は接辞の一種と考えておきます。

　かつてAdams（1973）はギリシャ語、ラテン語にルーツをもつ新古典主義的な複合語（Neo-classical Compounds）としてinsecticide

（殺虫剤）、pesticide（殺虫剤）の［-cide］や democracy（民主主義）、aristocracy（貴族政治）の［-cracy］などを例示して接辞の枠にはまらない語形成要素のあることを指摘しました。これが連結辞です。他にも cardiograph（心電計）、pentagon（五角形）の語形成要素［cardio-］、［-graph］、［penta-］、［-gon］はそれぞれ多くの辞書で連結辞（combining form）と記載されています。

3-2

語形成の円形モデル

　上述の自立語（LF）、連結辞（CF）、接辞（AF）3つの語形成要素の関係を統一的に理解するためにこの三者の組み合わせを円形モデルで示してみます。組み合わせは LF＋CF, LF＋AF, CF＋LF, CF＋AF, AF＋LF, AF＋CF の6つが考えられます。次に語形成要素がそれぞれに同じである LF＋LF, CF＋CF, AF＋AF の結合関係もここに組み入れます。ここで語形成過程においては次の9種の組み合わせが考えられます。

(1)　a. LF ＋ CF：clockwise　fireproof　southbound

　　　b. LF ＋ AF：active　employer　friendly　refusal

　　　c. CF ＋ LF：aerospace　agriculture　neuroscience

　　　d. CF ＋ AF：cardiology　graphic　phobic　technic

e. AF ＋ LF：dishonest　enlarge　impure　unfold

f. AF ＋ CF：abduct　extend　inject　permit

g. LF ＋ LF：steamboat　blackboard　sleep-walk

h. CF ＋ CF：cardiograph　telegram　thermometer

i. AF ＋ AF：unify　ultraism

　ここで、（1b）は接尾辞付与による語形成、（1e）は接頭辞付与による語形成の事例に他なりません。さらに同種の組み合わせである（1g）（1h）（1i）はそれぞれ AF、CF、AF 同士の結合による複合語と考えられます。

　次に、LF, CF, AF それぞれを頂点として円弧の上にこれを位置づけると、以下のような LF—CF、CF—AF、AF—LF の円内三角形が双方向的に成立します。

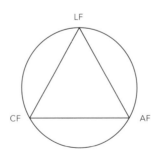

図1 | LF、CF、AF の円内三角形

さらに、LF、CF、AF 同士の結合において後位に来る語の位

置を対極に置いてみると［図1］はさらに次のように相互の全方向の結合関係を示すことが可能です。

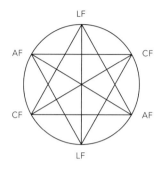

図2｜LF、CF、AFの全方向の結合関係

　ここで、自立語LFはCF、AFそれぞれの方向で合成され、同時にその対極にある別のLFと繋がって複合語を形成します。また、連結辞CFはLF、AFそれぞれへの方向で合成されて同時にその対極にある別のCFと繋がって連結辞複合語を形成します。さらに、接辞AFはLF、CFへの方向で合成され、同時にその対極で別の接辞と連結して接辞複合語を形成します。上記［図2］はこれを包括的にまとめたものです。

3-3

ラテン語由来の接頭辞と動詞

　かつて admit, commit, omit, permit などの語彙に出くわしたとき、筆者はもとの語が［mit］ひとつで接頭辞に［ad-］、［com-］、［o(b)-］、［per-］が付与されていることに不思議な感動を覚えた

ことがあります。これらは現代英語ではラテン語由来の接頭辞で、元々はラテン語の前置詞でした。また、もとの語はラテン語動詞の *mittere*（送る：to send）から来ています。他方、それぞれの接頭辞は［ad-］は英語の前置詞〈to/toward〉と同義で〈方向〉の概念を表わし、［com-］は〈with〉と同義で〈共に〉の概念を表わし、［o(b)-］は〈against〉と同義で〈反対方向〉の概念を表わし、［per-］は〈through〉あるいは〈thorough〉と同義で〈～を通して、徹底して〉の概念を表わしています。そして、ここでの接頭辞はそれぞれに固有の意味を保持しています。他の事例としては emit, remit, submit, transmit などが思い浮かびます。

次に、もとの語に［port］を取る語には export, import などがあり、これはラテン語の *portāre*（運ぶ：to carry）に由来しています。ここで、前者は［ex-］（「外へ」）と［port］（運ぶ）から「輸出する」、後者は［in(m)-］（「中へ」）と［port］（運ぶ）から「輸入する」の新たな意味を造ります。他に transport は［trans-］（超えて、横切って）と［port］（運ぶ）と合体したわけですから「輸送する」、report は［re-］（元へ）［port］（運ぶ、返す）わけですから課題を課した側に戻して「報告する」になります。

このように、ラテン語由来動詞はラテン語由来の語に同じくラテン語系の接辞が結合して造られます。上記（3-2）の言い方では［AF＋CF］タイプです。ここでも同一語源結合の原則が守られています。以下に主なラテン語由来の接頭辞のリストを記し、右側の〈　〉内に英語の前置詞を対応させ、事例も記しておきます。

(2)　a.　［ab-］〈*off/away*〉：abduct　abhor　abject　absurd
　　　b.　［ad-］〈*to, toward*〉：adhere　adjoin　adjunct　admit

c. [con (m)-] 〈*with/together*〉：concern　conduct　commit

　　　　　　　　　　　　compare　compete　consist

d. [de-] 〈*out of*〉：deceive　deduce　delude　depend

e. [dis-] 〈*remove*〉：dismiss　dispense　disrupt

f. [ex-] 〈*out/out of*〉：expect　expel　expose　extract

g. [in-] 〈*in/into*〉：induct　infer　inject　insert

h. [ob-] 〈*toward*〉：object　omit　observe　obstruct

i. [per-] 〈*thoroughly*〉：perceive　permit　pertain

j. [pre-] 〈*before*〉：predict　prefer　pretend　prevent

k. [pro-] 〈*in front*〉：proceed　produce　project　provide

l. [re-] 〈*backward*〉：receive　refer　reject　revise

m. [sub-] 〈*under/below*〉：subject　submit　subscribe

n. [sur-] 〈*above/over*〉：surpass　surrender　survive

o. [trans-] 〈*across/beyond*〉：transfer　transform

　　　　　　　　　　　　　transmit　transpose

　次に基体となる動詞部分に焦点を当て、英語と比較してみます。
これは一見ひとつの動詞のようにみえますが、実はラテン語の前
置詞と同じくラテン語の動詞の基体との結合が造り出す［AF＋
CF］タイプの語です。ここでラテン語由来動詞の基体が英語化
されるに際して語尾省略が伴っていることが特徴的です。以下に
いくつかの事例を列挙しておきます。右側は基体の元となるラテ
ン語の不定形（太字）とその日本語訳です。

(3)　a. [-cede] 〈*go/away*〉：**cēdere**（行く／進む）

　　　　　　　　　　antecede　concede　precede　recede

　　b. [-ceive] 〈*get/take*〉：**capere**（得る／取る）

conceive   deceive   perceive   receive

c. [-dict] 〈*say/speak*〉：**dīcere**（言う）

addict   contradict   edict   predict

d. [-duct] 〈*lead*〉：**dūcere**（導く）

abduct   conduct   deduct   induct   product

e. [-fer] 〈*bring/carry*〉：**ferre**（運ぶ）

infer   offer   prefer   refer   suffer
transfer

f. [-ject] 〈*throw*〉：**jacere**（投げる）

eject   inject   object   project   reject
subject

g. [-mit] 〈*send*〉：**mittere**（送る）

admit   commit   emit   omit   permit
submit

h. [-quire] 〈*seek*〉：**quaerere**（探求する）

acquire   inquire   require

i. [-scribe] 〈*write*〉：**scribere**（書く）

ascribe   describe   inscribe
prescribe   subscribe

j. [-tain] 〈*hold*〉：**tenére**（保持する／支える）

contain   entertain   obtain   retain
sustain

k. [-tend] 〈*stretch*〉：**tendere**（伸ばす）

attend   contend   extend   intend
pretend

l. [-volve] 〈*roll/turn*〉：**volvere**（回転する）

devolve   evolve   involve   revolve

いろいろな造語法

語と文の違い

　ここで語と文の特徴の差異について述べておきます。語は人間の記憶としてある心的辞書（mental dictionary）の中に貯蔵されており、発話や文章テキスト作成のための潜在的な文形成要素です。語は文の中で実現され、文は発話や文章テキストの中で実現されます。ここで基本的なこととして語と文の違いを確認しておきます。

　第1に、語は見出しとして辞書に記載され得るものですが、文は慣用句などを除いて辞書に記載されることはありません。語は個々に記憶され、ある言語圏において共有され、継承されていくべき知識です。これに対して、文は発話や筆記における創造的な営みのなかで生みだされるものです。

　第2に、語は記憶し、忘れない限り再生することができますが、文は特に暗記しているもの以外は再生することは困難です。直近に耳にした文は再生できても時が経った文を再生することは難しいでしょう。語は必要に応じて心的辞書から項目（item）として引き出すことが可能な知識なのです。

　第3に、語は人間のさまざまな指示的な概念内容を内包し、文中では品詞（文法機能）をもちます。しかし文は発話や文章テキストの中で品詞をもつことはありません。たとえば、computerという語には指示的な概念内容（意味）や品詞はありますが、事象を表わす文である"John has a computer."が1つのまとまった品詞をもつことはありません。

　第4に、語には時制（tense）ははたらきません。しかし文に

は必ず述語動詞に時制があります。文が統語論に属する所以です。そして、文では必要に応じて様態（modality）を表わす助動詞を付けたり、完了や進行などの相（aspect）を表わす過去分詞形や現在分詞形をつくることが可能です。

　第5に、発音において語は音節に分けられストレス（強勢）の位置によって意味や文法機能（品詞）が弁別されます。これに対して、文はイントネーション（抑揚）の差異によって陳述文、疑問文、依頼文、命令文など、そのタイプ分けが可能になります。

　第6に、語の構成単位はすでに述べた自立語（LF）、連結辞（CF）、接辞（AF）などの形態素といわれる要素が一般ですが、文の場合は名詞句、動詞句、前置詞句など文中で一定の意味の「塊」を形成する句（phrase）が構成単位です。

　ここからは英語語彙における語の造られ方の多様性について述べていきます。派生や複合語形成ほど生産的ではないにしても、英語にはすこぶる多様な造語法が展開されていることが確認できます。

4-2

語彙化（lexicalization）

　本来なら統語論の単位である「句」が文中での時制や数の概念が無化され、「語」として確立されるプロセスを語彙化現象と呼びます。次の例をみてください。

(1)　"Yep. In a **hit-or-miss** way. I'll tell you: I'm a lone wolf. I trade

horses, and saw wood, and work in lumber-camps."
Sinclair Lewis, *Main Street*

（そうだよ。行き当たりばったりでね。いいかい、俺は一匹
狼なんだよ。馬を売り買いしたり、木を鋸で引いたり、木
材伐採人のキャンプで働いたりしているんだ。）

　ここで hit-or-miss は 2 つの動詞がハイフンと接続詞 or で結ば
れており「いい加減な、ぞんざいな」の意味を表わす形容詞に変
容されています。
　ここでは、この新造の語を構成する個別の語の意味を足し算し
て全体の意味を算定することはできません。ここでは句が語とな
る語彙化現象が起こっているからなのです。語彙化は形式的には
句でありながら、文中でその統語的特徴を放棄して語に変容する
言語現象です。これは心理学用語を用いればゲシュタルト的な言
語現象ということができます。ゲシュタルトとは、全体はこれを
構成する部分の総和以上に体制化された構造のことです。たとえ
ば、black board は「黒い板」というよりも教室でよく使う「黒板」
のことです。hand out は「物を分け与える」という動詞の意味か
ら「配布資料（プリント）」の名詞の意味に変容して成句となり
ました。全体の意味は部分の語の意味を寄せ集めた以上の意味と
なっている例です。
　他に、"red cap" は句の場合は「赤い帽子」ですが、語彙化さ
れれば者を運ぶことを生業とする「赤帽（ポーター）」を表わす
複合語になります。"out-of-the-way" の前置詞句は「人里離れた、
辺鄙な」を表わす形容詞になります。"blue-pencil" は句として
の構成的な意味である「青い鉛筆」ではなく、英語圏でかつて原
稿の修正などに青い鉛筆を用いた習慣から語彙化されて「校閲す

る」という動詞の成句に変容します（cf. AHD[4]）。

　同様の語彙化現象として「動詞＋不変化詞」の句から語になった事例も多くあります。たとえば、語 outspread（拡がった）は句 spread out、語 overflow（溢れる）は句 flow over、語 downpour（土砂降り）は句 pour down、からそれぞれ不変化詞が前位に移動して語彙化されたものです。onlooker/looker-on（見物人）、bystander（傍観者）はそれぞれ look on, stand by から行為者を表わす接尾辞［-er］が付いてできたものです。

　また、句と同じ語順を保ったまま語彙化される場合も少なくありません。語 pushup（腕立て伏せ）は動詞句 to push up から、サッカーの kickoff（試合開始）は to kick off から、飛行機の takeoff（離陸）は to take off から語彙化されたものです。

4-3

名祖（onomastics）

　語形成の一種に名祖があります。これは固有名詞を普通名詞に変容したもので、特に人名が普通名詞に転用されてできた語彙が代表的です。クリミヤ戦争のとき、イギリスのカーディガン（Cardigan）伯爵（1797–1868）の軍隊が戦場に赴くにあたって身に着けて愛用したジャケットがありました。この伯爵の名に因んでこの種のジャケットに cardigan（カーディガン）という命名がなされました。英国ではカーディガンはジャケットのことです。また、同じこの戦で英国司令官であった後のラグラン（Raglan）卿（1788–1855）が身につけていたものに因んで、肩から袖にか

けて縫い目のないオーバーコートをraglan（ラグラン）と呼ばれるようになりました。

19世紀アメリカで女性も屋外で身体を軽快に動かすことが提唱されアメリアJ.ブルーマー（Amelia J. Bloomer: 1818–1894）さんが女性用の運動着を考案して普及させました。これが瞬く間に広がってbloomer（ブルーマー）として親しまれました。

国家が弱体で自警団のような組織で身を守っていた時代、米国ヴァージニア州治安警部だったウィリアム・リンチ（William Lynch: 1742–1820）は民衆と協定（compact）を結んで裁判など正式な法的手続きを経ないでも犯罪者を処刑することを可能にしました。この時の判事の名に因んでlynch（リンチする）という言い方が拡がりました。

アイルランドがイングランドの属国であったとき、アイルランドの土地管理人チャールズC.ボイコット（Charles C. Boycott: 1832–1897）が税の取り立てを行っていましたが、そのやり方がひどかったので小作人たちの怒りを買いました。彼らは同盟を結んで労働従事を放棄して抗議の意志を表わしました。その後支配される側の支配する側に対する不買運動や排斥運動をboycott（ボイコットする）といわれるようになったのです。

スポーツでは「マラソン（marathon）」の由来が興味深いです。かって紀元前490年にギリシャ軍がペルシャ軍にマラトンの戦いで勝利したとき、これをアテネ市民に告げるために長距離を全速力で走って到着時に息絶えた英雄がいました。この英雄の偉業の記念としてその戦いのあったMarathonという村の名に因んで長距離競走の種目にこの名がつけられました。さらに、この語尾の［-thon］が接尾辞になり、これに接頭辞［tele-］が付与されてtelethonという語が造られました。これは現代の日本の長時間

テレビのチャリティー番組のことです。

　大航海時代の産物として時に西洋にない美しい花が西洋にもたらされました。モラヴィアのイエズス会宣教師 Georg J. Kamel（1661–1706）はある美しい花を中国からポルトガルにもたらしました。その後、この花の名はこれをもたらした人の名に因んでcamellia（椿）と呼ばれることになったのです。

　「点字」は Braille（または braille）ですが、これは3歳の時に失明したフランスの音楽家、教育者であった Louis Braille（1809–1852）が1829年に視覚障害者用に発明した盲人のための人工文字です。日本では明治23年（1890）に石川倉次が考案したものが使われています。

4-4

混交（blending）

　この語形成上の方策は混交でカバン語（portmanteau word）ともいわれ2つの語が合体して1つの新しい語が造られることです。よく知られた例として都市圏などによく出る smog（煙霧）はsmoke と fog の混交したものです。朝食と昼食を一緒にして取る食事の brunch は breakfast と lunch が混交しています。携帯電話などの絵文字は emoticon ですが、これは emotion と icon が混交・合体したものです。固有名詞で The Chunnel（英仏海峡の海底トンネル）は channel と tunnel の混交によりでき上がっています。これらはある語の語頭と別の語の語尾が合体して新しい語が造られる事例です。ここでは、省エネともいうべき節約（economy）

の原理がはたらいています。以下に他の例を示しておきます。

(2)　a. motel（モーテル）（[motorcycle ＋ hotel)
　　　b. spork（スポーク）（[spoon] ＋ [fork])
　　　c. transistor（トランジスター）（[transfer] ＋ [resister])
　　　d. Eurasia（ユーラシア）（[Europe] ＋ [Asia])
　　　e. guesstimate（推測評価する）（[guess] ＋ [estimate])
　　　f. tigon（タイゴン）（[tiger] ＋ [lion])

4-5

省略（shortening）

　次に省略があります。これはある語の一部を省略してその語全体の意味を表わすもので語頭、語中、語尾を省略する三種類のタイプがあります。ある日の報道番組で vet という語に出くわしました。これは veterinarian（獣医）の語頭のみが抽出され、他の部分は省略されてできた語です。ここでも節約の原理がはたらいています。

(3)　a. 語尾抽出：bus（乗合バス：omnibus）
　　　　　　　　mum（菊：chrysanthemum）
　　　　　　　　plane（飛行機：airplane）
　　　　　　　　sport（スポーツ：disport）
　　　　　　　　van（キャラバン：caravan）
　　　　　　　　wig（鬘：periwig）

b. 語中抽出：flu（インフルエンザ：influenza）
fridge（冷蔵庫：refrigerator）

c. 語頭抽出：coed（男女共学：coeducation）
disco（ディスコ：discothèque）
info（情報、案内：information）
hi-fi（ハイファイ：high fidelity）
homo（同性愛：homosexual）
lab（実験室：laboratory）
math（数学：mathematics）
mike（マイク（拡声器）：microphone）

　他に clitic（接語）といわれる省略形があります。会話体の記述などでよく出てくるものですが、語頭が省略される 've（have）、'd（had, would）、語中が省略される o'er（over）、語尾が省略される th'（the）、i'（in）、o'（of）といった例があります。

　省略といえば Oz は Australia のことですが、この語の頭部の Aus が発音上綴りが簡略化されて Oz になったものです。

　興味深い例として、今日では大いに盛んになったスポーツのいわゆる soccer（サッカー）は association football のことですが、この前位の語 association の中にあるもとの語 [-soc-] が抽出され、これに行為者を表わす接尾辞 [-er] が付与されて新たに造語されたものです。

逆成（back-formation）

　逆成は一旦できあがった既成の語をもとに、その語の語尾を切り取ってできた新語です。たとえば、「編集する」の動詞 edit は名詞 editor から接尾辞［-or］を切り取って造られた逆成語です。また、「物乞いする」は beg ですがこれは beggar からの逆成です。「熱中する／させる」の enthuse は「熱中、熱心」を意味する名詞 enthusiasm から語尾を取ってできた逆成の動詞です。peddle（売り歩く）は peddler（行商人）から、juggle（ジャグリングをする）は juggling あるいは juggler からそれぞれ逆成されています。televise（テレビ放送する）は television から来ています。AHD[4]によれば、pea（えんどう豆）は中英語の複数形 pease からの逆成、「しっ、静かに！」を表わす hush は同じく中英語の husht に由来し、語尾の〈t〉を過去分詞の語尾と誤認して逆成されたものです。他にも次のような例があります。

(4)　book-bind（製本する）
　　　stage-manage（舞台監督をる）
　　　vacuum clean（電気掃除機をかける）

　ここで、book-bind は book binding（製本）から、brainwashは brainwashing（洗脳）から、house keep は house keeping（家事）から造られた逆成語です。他に stage-manage は stage-manager（舞台監督者）から、vacuum clean は vacuum cleaner（電気掃除機）からの逆成によって造られています。

頭字法（acronym）

　頭字法は複数の語の頭文字のアルファベットを繋げて造語されたものです。造語における節約（economy）の原則が働いてマスコミなどのジャーナリズム用語（journalese）でよく用いられています。たとえば、AIDS〈エイズ：後天性免疫不全症候群〉は（Acquired Immune Deficiency Syndrome）の各語彙の頭文字だけを繋げたものです。遺伝情報に関わる生物の高分子物質の DNA は deoxyribo nucleic acid（デオキシリボ核酸）の太文字の頭文字を結びつけた頭字法でできています。生産物、農産物などの関税率の見直しを図ろうとする TPP は Trans-Pacific Partnership（環太平洋連携協定）の頭字法です。

　世界経済を語るときによく出てくる IMF は International Monetary Fund（国際通貨基金）の頭字省略形です。日本も拠出している OECD は The Organization for Economic Cooperation and Development の頭字省略形です。放送関係ではイギリスの BBC は British Broadcasting Cooperation、アメリカの ABC は American Broadcasting Coopeartion、CNN は Cable News Network です。郵便で「〜方」を表わすのは care of の頭字法で c.o.（または c/o）、「追伸」は post script で p.s. です。

　身近でよく耳にする UN（United Nations）、ASEAN（Association of Southeast Asian Nations）などの例に対してほとんど普通名詞のように見えるレーザー（laser）光線のような頭字語もあります。これは "light amplification by stimulated emission of radiation" の頭文字を繋ぎ合わせたものです。次に他の例をいく

つか示しておきます。

(5)　NASA〈米国航空宇宙局〉(**N**ational **A**eronautics and **S**pace **A**dministration)

NATO〈北大西洋条約機構〉(**N**orth **A**tlantic **T**reaty **O**rgani-zation)

NHK〈日本放送協会〉(**N**ihon **H**ousou **K**youkai)

START〈戦略兵器削減交渉〉(**S**trategic **A**rms **R**eduction **T**alks)

TOEFL〈トーフル〉(**T**est **of** **E**nglish as a **F**oreign **L**anguage)

WHO〈世界保健機構〉(**W**orld **H**ealth **O**rganization)

radar〈レーダー〉(**ra**dio **d**etection **a**nd **r**anging)

scuba〈スキューバ〉(**s**elf-**c**ontained **u**nderwater **b**reathing **a**pparatus)

4-8

ギリシャ神話から来た語

　神話から語が形成されている例も興味深いものです。オリンポスの山をめぐって活躍する神々の中で巨神のタイタン（Titan）に因んで「巨大な」を表わす形容詞 titanic が造られています。船名で The Titanic は映画になった「タイタニック号」のことです。

　混乱とともに大騒ぎになることをパニック（panic）といいますがこれはギリシャ神話の牧羊神（森や野原の神で頭に角があり耳と脚は山羊に似ている）の Pan に由来するものです。1つ目の

巨神の怪物キュクロープスはcyclone（サイクロン）としてインド洋上で猛威を振るう熱帯低気圧に名づけられています。サイクロンは日本では「台風」、アメリカやカリブ海の西インド諸島の国々では「ハリケーン」ですが、いずれも巨大な「目」が一つあります。Atlantic Oceanは「大西洋」ですが、これは肩で天球を担う巨神Atlasに因んでいます。16世紀末のメルカトールの地図帳にはこのAtlasの絵図が載っている所から普通名詞となったatlasは大きな「地図帳」の意味になりました。その巨大さから北アフリカに連なる大きな山脈はアトラス山脈（The Atlas Mountains）です。

芸術のミューズの女神たち（The Muses）はmusic, museumなどの語に組み込まれています。円盤が当たって亡くなったヒュアキントスは花の名前のhyacinth（ヒアシンス）として伝えられています。irisはいかにも可憐な花ですがギリシャ神話では「虹の女神」を表わします。また、解剖学的には人体の眼球の「虹彩」を意味します。これは原義は「垂れるか湾曲を描くもの」（something bent and curved）を指し示すところからきています。花の名前としてはアヤメ、杜若、花菖蒲を表わします。

ギリシャ神話のプシュケー（psyche）は霊魂の化身として人間の「心」を表わすところから［psych(o)-］という語の構成要素となってpsychology（心理学）、psychiatry（精神医学）、psychopathology（精神病理学）などの用語を造りだしました。

化学の世界のモルヒネ（morphine）は「鎮静剤」ですが、これは夢と眠りの神モルフェウス（Morpheus）に由来しています。ギリシャの「愛と美」の女神アフロディテ（Aphrodite）からは媚薬を意味するaphrodisiacが造られています。その息子で「愛」の神であるエロス（Eros）からはerotic, eroticismなどの語が造

られています。

　サイレン（siren）として今では身の危険を警報として知らせてくれるこの語は、ギリシャ神話でシシリー島近くの小島に住んでいた半人半鳥の海（水）の精セイレンに由来します。この海の精は船でゆく旅人をその美声で惑わせて溺れさせるという魔女です。これはドイツのライン川に伝わるローレライ（Lorelei）伝説の魔女譚に繋がっています。このように、英語にはヨーロッパの文化や歴史のルーツに繋がってギリシャ神話に由来する語彙も少なくないことも興味深いことです。

いろいろな英語の接辞

万能細胞で話題になっている「iPS 細胞」は英語では induced pluripotent stem cells（誘発性万能幹細胞）の頭字法による造語です。「再生医療」は regenerative medicine、特に臨床応用の病名の「加齢性黄斑視力低下」は age-related macular degeneration です。この 3 つの用語のうち pluripotent の語頭部 [plur(i)-]、2 番目の語 regenerative の [re-]、3 番目の degeneration の語頭部 [de-] がそれぞれ接頭辞として造語上重要な役割を果たしています。また照明の新たな可能性を拓いた青色の LED（発光ダイオード）は light emitting diode の頭字法で造語されていますがここで emitting（放射する）の [e(x)-] は「外へ」の意味を表わす接頭辞、diode（ダイオード、二極真空管）の語頭部 [di-] は「2 つの、二重の」を表わす接頭辞です。以下に接辞の諸相についてやや詳しくみていきます。

5-1

数詞の接辞

三種類の数詞

　日常生活にみられる数字には基数（cardinal number）と序数（ordinal number）があります。前者は one, two, three...などで後者は first, second, third...などです。これらはアングロ・サクソン語系の旧来の英語です。しかし他に外来のギリシャ語、ラテン語系の数詞も英語の語形成上重要な役割を果しています。たとえば、ギリシャ語系では monologue（独り言）の [mono-]、dichotomy（二分法）の [di-]、triathlon（トライアスロン）の [tri-]、

tetragon（四角形）の［tetra-］、pentagon（五角形）の［penta-］
等々です。つまりここではギリシャ語系の数詞［mono-］、［di-］、
［tri-］、［tetra-］、［penta-］はそれぞれ接頭辞として機能し、ギ
リシャ語の数詞〈1、2、3、4、5〉に相当します。

　ラテン語系ではunicorn（一角獣）の［uni-］、bicycle（二輪車）
の［bi-］、triangle（三角形）の［tri-］、quadrille（4人で踊るス
クェアダンス「カドリール」）の［quadr-］、quinquennial（5年
目毎の）の［quinque-］などです。ここでは［uni-］、［bi-］、［tri-］、
［quadr-］、［quinque-］が接頭辞として機能し、それぞれラテン
語の数詞〈1、2、3、4、5〉に相当します。

　ここでアングロ・サクソン語系（AS）、ギリシャ語系（Gk）、
ラテン語系（L）の〈1〜10〉そして〈100〉、〈1000〉の数字を
対比して以下に記しておきます。

	AS	Gk	L
1	one	[mono-]	[uni-]
2	two	[di-]	[bi-]
3	three	[tri-]	[tri-]
4	four	[tetra-]	[quadr-]
5	five	[penta-]	[quinque-]
6	six	[hexa-]	[sex-]
7	seven	[hepta-]	[sept-]
8	eight	[okto-]	[octo-]
9	nine	[ennea-]	[novem-]
10	ten	[deka-]	[deca-]
100	hundred	[hecto-]	[centi-]
1000	thousand	[kilo-]	[mille-]

数詞の接辞

「1」～「10」

　以上述べたことを考慮して数詞が接頭辞に変容されている事例について考察してみます。

　ギリシャ語系の「1」を表わす［mono-］については monochrome があり、これは「単色の無彩色」です。monorail はそのまま線路が1本の「モノレール」、monologue は「独白、独り言」、monogamy は「一夫一婦婚制」、monotheism は「一神教」、monopoly は「独占」、monotone はそのまま「一本調子、単調」を表わします。

　ラテン語系の数字「1」は［uni-］で unicorn は「一角獣」、unicycle は「車輪」（cycle）が1つの「一輪車」、uniform は「フォルム」（form）が1つに統一されている「制服」、unilateral は「側面」（*latus*（side））が1つで「一方（片側）の」の意味、unilingual「言語」（*lingua*（language））が唯一の「単一言語の」を意味します。universe の基体はラテン語の *vertere*（turn）の過去分詞形で、いろいろなものが［uni-］によって「1つに纏められたもの」つまり「宇宙」「万物」となります。

　「2」はギリシャ語系では［di-］でラテン語系では［bi-］ですが、前者では音声学／音韻論でいう diphthong（二重母音）という語があります。また2つのものの板挟みになる dilemma（ディレンマ）、2つの色が絡んでいる dichromatic（二色の）、2つに分割する dichotomy（二分法）などがあります。

　後者では高校の化学の時間に出てくる bimetallic（バイメタルの）がありますが、これは膨張率の異なる金属を貼り合わせてスイッチを自動的に入れたり切ったりできる装置を指しています。bilingual は二言語を話す人のことですが同時に二言語併用の印刷物などにも用いられます。bimonthly は「隔月の」、二輪車は

bicycle です。biathlon（バイアスロン）は 20km のクロスカントリースキーと射撃の二種目を組み合わせた競技の名称です。数学でいう binary system は 0 と 1 を基準にした二進法のことです。

「3」はギリシャ語系もラテン語系も［tri-］です。事例として tricycle「三輪車」がありますが、The Tricolor となると三色国旗、特に青白赤のフランスの国旗を指します。triennial は「三年毎の」催しや発刊物のことです。数学でいう trigonometric function は「三角関数」のことです。またキリスト教でいう trinity は「三位一体」のことで父（神）と子（キリスト）と聖霊が一体であるという考え方です。アイルランドのダブリンには有名な Trinity College があります。またスポーツでは遠泳、自転車競技、マラソンの３つを連続して行う過酷な triathlon（トライアスロン：三種競技）があります。音声学で［aiə］［eiə］などの三重母音は triphthong です。野球のトリプルプレーは triple play で三重殺です。

「4」はギリシャ語系では［tetra-］でラテン語系では［quadre-］です。前者の場合、tetrameter では英詩における強弱の韻律パターンである「四歩格」を表わします。tetrapod は「四足動物」です。幾何学で tetragon は「四角形」、tetrahedron は「四面体」のことです。

後者の場合、幾何学で quadrangle は「四角形」、音楽で quadruple はワルツなどの三拍子に対して「四拍子」のことを言います。quadrille は二組または四組のカップルが方形に向き合って踊るヨーロッパ風の社交ダンスで日本語で「カドリール」といわれています。また身体的に quadriplegia は「四肢麻痺」のことです。

「5」はギリシャ語系では［penta-］です。アメリカ合衆国国防総省の建物が巨大な「五角形」の形をしているところから The

Pentagon（ペンタゴン）といわれています。英詩の一行五詩脚の詩の韻律の用語の五歩格 pentameter は「五歩格」と訳されます。

これに対してラテン語系の「5」は［quinque-］ですが、quin-quangular は5つの angle をもつところから「五角形」の古い言い方です。quinquennial は「五年毎の」を意味するいい方で、quincentenary は「五百年祭」のことです。音楽の演奏では quin-tet（クィンテット）は「五重奏」のことです。また時にさわがれる「五つ子」のことは英語で quintuplets といいます。

「6」はギリシャ語系では［hexa-］でラテン語系では［sex-］です。前者については hexagon は「六角形」です。野山にいる「六本脚」の昆虫は hexapod です。英詩の hexameter は「六歩格」の韻律パターンのことをいいます。

現代英語では後者のラテン語系の事例は少ないですが、sextant は天球観測の「六分儀」です。sexagenarian はかしこまった言い方ですが「60歳代の人」になります。音楽で sextet（セクステット）は「六重奏団」のことです。

「7」のギリシャ語系は［hepta-］ですが、heptagon は「七角形」です。陸上競技で「七種競技」は heptathlon です。また英語の歴史で5世紀から9世紀にかけてアングロ・サクソン族が打ち立てて抗争を繰り返していた「七王国」の時代は Heptarchy といわれる時代です。次のような例文があります。

(1) The late sixth and seventh centuries are often lumped together by historians under the heading "the period of **heptarchy**." David Wilson, *The Anglo-Saxons*
（歴史家は6・7世紀後期の時代を「七王国時代」といういい方でまとめている。）

これに対してラテン語系の「7」は［sept-］です。月の名前では September があります。ただしこれは紀元前 45 年にユリウス・カエサルによって制定された古代ローマのユリウス暦では 7 月でしたが、グレゴリー XIII 世が 1582 年に制定した新しいグレゴリオ暦では July（Julius Caesar；ジュリアス・シーザー）、August（Octavian Augustus；オクタヴィアン・アウグストゥス）の二人の人物の名前が六月（June）のうしろに続いてすべり込んだために二か月ずれて 9 月になりました。

　「8」はギリシャ語系、ラテン語系両者とも英語では［oct(o)-］ですが、まず 8 本足の octopus（蛸）があります。さらに西洋音楽の基盤にある「八度音程」の octave（オクターヴ）があります。octagon は「八角形」、octahedron は「八面体」です。ここで注意すべきは October ですが、これは古代ローマのユリウス暦では 8 月でした。しかし上述の二人のローマ帝国の人物が入り込んできたために 10 月にずれ込みました。

　「9」のギリシャ語は［ennea-］で、enneagon は「九角形」、enneastyle は九本の円柱をもつ建築スタイルのことです。enneagram は円周上の 9 つの点を結んで図形を作り、これによって性格分析などの占いを行うものです。また、9 個、9 人、9 匹など 9 をワンセットとして成り立つものについては ennead という言い方があります。

　これに対してラテン語数字「9」は［novem-］です。ここからすぐに November が想起されますが。これは元々ローマのユリウス暦では 9 月でした。しかし「8」のところで述べたのと同じ理由によりこれが 11 月にずれ込んだのです。

　「10」ですぐ思い出すのは Decameron（デカメロン）です。これは 14 世紀のイタリアの小説家ボッカチオ（1313–1375）の「十

日物語」のことです。The Decalogue は旧約聖書のもっとも重要なモーゼの「十戒」です。ちなみに「10」はギリシャ語系、ラテン語系両方とも英語では [deca-] です。たとえば、decagon は「十角形」、decahedron は「十面体」、decapod は烏賊や海老の十脚類のことです。年代、数字を表わす事例として decade「10（年）」があります。陸上競技で decathlon は「十種競技」です。月の名前の December はかつて古代ローマ暦では 10 月でしたが上記「8」「9」の月の名前と同じ理由により元々の 10 月が 12 月にずれ込むことになりました。

「100」と「1000」

　これまで「1」〜「10」のギリシャ語、ラテン語の接頭辞について述べましたが「100」「1000」の場合はどうでしょう。「100」を表わすギリシャ語は [hecto-] で hectometer は「100m」になります。同様に hectogram は「100g」、hectoliter は「100ℓ」です。ここで日本では 1992 年より気象予報士が解説で用いている気圧の単位 hectopascal（ヘクトパスカル；hPa）が思い出されます。（それ以前まではミリバール（millibar）でした。）

　これに対してラテン語系の「100」は [cent-] です。「ムカデ」は日本語で「百足」と書きますが英語でも centipede です。ここで語尾の [-pede] はラテン語で「足」を意味します。century は一年一年百の部分から成るまとまりの年として 100 年を意味し、centennial anniversary は「100 周年祭」です。何より百分率といわれる「%」は per cent（100 につき〜）の意味です。これが計測のために用いられる場合の [centi-] になると centigram, centiliter, centimeter のようにそれぞれ 1 グラム、1 リットル、1 メートルの 100 分率になります。さらに気温など温度を測る時の摂氏

は Centigrade で百分度を表わす単位となります。

「1000」は旧来の英語では thousand ですが、ギリシャ語系では [kilo-] です。主に計測単位の接頭辞として用いられ、kilogram（キログラム）、kiloliter（キロリットル）、kilometer（キロメートル）など計測でよく用いられます。他にコンピューター用語で kilobyte（キロバイト）、**熱量として** kilocalorie（キロカロリー）、周波数で kilohertz（キロヘルツ）、電力量では kilowatt（キロワット）など計測単位としてよく耳にします。

これに対してラテン語系の「1000」は [*mille*] です。新たな「千年紀（間）」を表す millennium（ミレニアム）はよく耳にします。million は 1000（mille）の語尾に誇称辞（augmentative）の [-ion] がついて「大きな 1000」の意味となり、1000 の 1000 倍（100万）になります。さらに二回目の（[bi-]）による 1000 倍によって百万の二乗 billion（10億）ができ、さらに 3 つ目の（[tri-]）「1000」倍によって百万の三乗 trillion（1兆）となります。他の例として millionaire は百万長者、millipede は「1000」もの多くの脚をもつ節足動物として「ヤスデ」になります。

逆に小さく「1000分の1」を表す [milli-] は計測単位の接頭辞として milliampere（ミリアンペア）、milligram（ミリグラム）、milliliter（ミリリットル）、millimeter（ミリメーター）などがあります。

数詞の接辞

指小辞

　人は可愛い小さな人や物に対して親愛の気持ちを抱き、これを際立たせる言い方をする場合がありますが、その時用いられるのが指小辞（diminutive）です。

　新聞記事で、オックスフォード大学出版局が2013年に世界的に注目を集めた語としてselfieを選んだ旨発表がありました。これはスマートフォンを使った「自分撮り」の写真を意味しますが、この語はネット上で使われている大量の英単語の中から選ばれたもので2002年頃から使われ始めたとのことです。実はこの語の語尾には指小辞［-ie］が使われています。

　英語の人名の場合、たとえば基体であるJohnに対してJohnny/Johnnieのように［-y］あるいは［-ie］などの接尾辞を付けることによって親愛の気持ちを表わすことができます。また、日本語でもたとえば太郎や花子という人やペットに対して「太郎ちゃん」「花子ちゃん」のように［〜ちゃん］という指小辞を付与することによって基体が表わす人や物に対して親愛の気持を表わし、相手との心理的距離を縮めることができます。Quirk et al.（1985: 1581）はこの種の指小辞を親愛の度合を示す意味で"familiarity marker"と呼んでいます。ここで代表的な英語の指小辞について述べてみます。

［-y/-ie］の場合

　Schneider（2003）は、［-ie/-y］は現在用いられているアングロ・サクソン語系の指小辞のなかでもっとも典型的なものでその

生産力はすこぶる大きいといっています。

　興味深いことに New York Yankees の Yankee の語尾には指小辞が絡んでいます。ニューヨークは元々オランダ領でニュー・アムステルダムと呼ばれていました。英語圏の代表的な男性名が John であるようにオランダ人の代表的な男子名は *Jan* でした。これが親しみと若干の軽視のニュアンスをこめた Yanke（[yan'kuh]）と発音され、これが Yankee に変容したわけです。この語ははじめニューイングランドの住民に限られていましたが、やがてアメリカ本土の南部の人間からみて北部のアメリカ人に対し、さらに外国からみてアメリカ人一般に向けて用いられるようになったのです。さらに幼児が英語を習得する過程で、この指小辞を用いる aunty, mommy, daddy といったいい方がもっとも早く習得されるといえます。

　20 世紀の伝説的な喜劇俳優チャールズ・チャップリン（Charles Chaplin）の愛称名は Charlie で、愛称を表わす指小辞 [-ie] が使われています。第 39 代アメリカ大統領はジェイムズ・E・カーター（James E. Carter）でしたが通常の呼称は Jimmy Carter でした。言語学者でヴィクトリア・フロムキン（Victoria Fromkin）という方がおられましたが、この方の愛称は Vickie でした。「アニー」の由来は Ann/Anna でこの愛称名が Annie です。

　女子の名前で Elizabeth の略称に Beth と Bess がありますが、これに指小辞を付加して前者から Betty, Betsy ができ、後者からは Bessie, Bessy ができます。Catherine は Cathie, Suzan/Suzanna には Susie があります。男子の名前も同様に Robert の略称は Bob ですが、これにこの指小辞が付くことで Bobbie ができます。他に Frances/Francis が Frankie になり、Montgomery が Monty となり、Andrew が Andy になります。この種の例は多く、他の例

を以下にあげておきます。

(2)　Billy（William）
　　　Cathy（Catherine）
　　　Connie（Conrad/Constance）
　　　Eddie（Edward, Edmond）
　　　Emmy（Emma）
　　　Fanny（Frances）
　　　Judy（Judith）
　　　Kathy/Kitty（Katherine, Catherine）
　　　Nelly（Helen）
　　　Terry（Terence）
　　　Tony（Anthony）

　英語のこの指小辞は使用頻度数が高く、大きな親愛の度合を示す指標（マーカー）の役割を果たし、これを発する人と発せられる人との心理的距離を縮めます。

　さらに人名以外の基体にこの指小辞を付与して多くの語が得られます。「小犬」は dog から派生した doggie です。これを用いた doggie bag は「持ち帰り用の袋」になります。kitten（「子猫」）の語頭部にこの指小辞が付いて幼児語 kitty ができます。

　ゴルフで par（規準打数）より一打少ない打数でカップインすると birdie（バーディー）、これより 1 つ多いと boggie（ボギー）といいます。左利きの人あるいは野球の左腕投手は lefty/ie です。またサッカーなどのゴール・キーパーのことを略して goalie ともいいます。以前、長髪の若者で時代を反映した hippie 族というグループがいました。野球などスポーツで rookie といえば「新人」

のことです。

　元々動詞の talk, move, cook に対してこの指小辞を付与して talkie（トーキー、無声映画）、movie（映画）、cookie（クッキー）となれば身近な語になります。

　yuppy は young urban professionals の頭字法でできた語（yup）に指小辞［-y/ie］が付与されることによってできた語で、その意味は 1950 年代前後の若い都市型のエリート職業人のことです。大学町で townie といえばその町で大学に関係のない町の住人を意味します。

　国あるいは地域出身の人を表わすのにもこの指小辞を用います。節約の原理がはたらいて Australian のことを Aussie, New-foundlander のことを Newfie というのは興味深いことです。なおスコットランドのネス（Ness）湖の幻の生き物は親しみを込めて Nessie と呼ばれています。

［-let］の場合

　ブックレット（booklet）やブレスレット（bracelet）は外来語ながら私たちにはすでに馴染みが深い語ですが、これらはそれぞれ指小辞［-let］を含みます。この接尾辞はラテン語から古フランス語を経て中英語に入って来た指小辞です。

　starlet は文字通り「小さい星」の意味もありますが、新米の actor/actress としてこれから売り出そうとするまだ未熟な俳優のことも表わします。craterlet は「小クレイター」のことで地球上にもあり、火星や月の表面を思い出させてくれます。armlet は腕に巻く小奇麗な飾り物です。leaflet は一枚限りの広告のチラシやビラです。

[-et] の場合

　この指小辞も元来ラテン語から古フランス語を経て中英語に入ってきました。しかも外来語として日本語になっているものが少なくありません。もとの語には名詞が来てこれを小さなもの、可愛いもの、身近なものにします。ソケット（socket）、ソネット（sonnet）、ボンネット（bonnet）、バケツ（bucket）、ジャケット（jacket）、ポケット（pocket）、など外来語として日本語になっているものも多いです。以下に身近な例を挙げておきます。

(3)　a. cabinet（キャビネット）：[cabin ＋ [-et]]
　　　b. floweret（小さい花）：[flower ＋ [-et]]
　　　c. locket（首飾り用の小ロケット）：[lock ＋ [-et]]
　　　d. quartet（四重奏）：[quarter ＋ [-et]]
　　　e. tablet（タブレット）：[table ＋ [et]]

　音楽の用語にもこの指小辞が用いられています。歌のモテット（motet）、メヌエット（minuet）、楽器のトランペット（trumpet）、コルネット（cornet）、クラリネット（clarinet）、カスタネット（castanet）二人で歌うデュエット（duet）、などが浮かびます。

　固有名詞でこの指小辞が用いられている例として、特に女性の名前でハリエット（Harriet）、ジャネット（Janet）、ジュリエット（Juliet）などがあります。

　また、スキート（Skeat 1980: 230）によれば hamlet の [ham] は元々古フランス語の *hāmel* に由来し、住まい（dwelling）の意味をもっていました。これに指小辞（[-et]）が付いてできた hamlet は小村を意味します。語尾にくる [-ham] の事例としてはバッキンガム（Buckingham）、バーミンガム（Birmingham）、

ノッティンガム（Nottingham）、トテナム（Tottenham）などの
地名があります。

［-ette］の場合

　この接尾辞はフランス語系で上記［-et］の女性形です。両者
は機能的には同じですが、形式の違いをもったまま英語の指小辞
として定着しました。たとえば、葉巻（cigar）の小型である紙
巻タバコはシガレット（cigarette）に変容されました。元々「（宝
石入れ用の）小箱」の意味をもっていたカセット（cassette）は
現代では録音・録画用のカセットテープの意味に変容されて用い
られます。さらにコンピューターのディスク（disk）は元々「円
盤」の意味ですがdisketteと造語されてかつてはフロッピー・ディ
スクというものがありました。AHD[4]によれば公の機関が発行
する「新聞」を表わすgazetteはイタリア語で「小銭」を表わす
*gazeta*に由来し、これにこの接尾辞が付いてgazetteになったとい
います。おそらく新聞は当初小銭で買えるものだったのでしょう。

　他に台所はkitchenですが、小さな「簡易台所」はkitchenette
です。一般的に小説はnovelですが、これが娯楽性の高い「中・
小編小説」となるとこの接尾辞を用いてnoveletteとなります。水
彩画や油絵を描くときに不可欠なものはパレット（palette）です。
この語の基体は古フランス語でシャベルを表わす*pale*でした。人
形劇はmarionetteですが、この語の大本は聖母マリア（Mary）で、
これにギリシャ語の誇張辞［-ion］が付いて*Marion*ができ、こ
れにこの指小辞が付与されかつ普通名詞化されてできたものです。

　他に以下のような事例があります。

(4) coquette（コケット）
    croquette（コロッケ）
    pincette（ピンセット）
    pipette（ピペット）
    roulette（ルーレット）
    symphonette（小交響曲）

　また、この指小辞は元来がフランス語系であるためにフランス
の女性の名前にこの指小辞が用いられる場合があります。歴史上
有名なマリー・アントワネットは Marie Antoinette です。クロー
デットは Claudette で Claude の女性形です。
　合奏団では quartette は四重奏、quintette は五重奏の楽団を表
します。なお leatherette は革製品ですがここでは「模造の革製品」
といった少し下等な品質の物を含意します。

［-ling］の場合

　この指小辞は主として人間や動植物などの生き物に用いられ
ます。夫婦の会話でよく出てくる darling は古英語の *dēore*（dear）
と同じ古英語からの指小辞［-*ling*］との組み合わせです。そして
この指小辞を用いることで親愛と愛着の気持ちを表わすことがで
きます。
　基体を身近な生き物にして duck より duckling（子ガモ）、
goose より gosling（ガチョウの雛）ができます。また王族などで
kingling（小国の王）、princeling（小君主）などがありますがこ
こではいくばくかの軽蔑のニュアンスが含まれます。
　この指小辞はもとの語に人や生き物以外のものを取ることがあ
ります。earth（地球）をもとの語として earthling になれば「地

球の住人」、under を置けば「下っ端、子分」を表わす underling となります。

sibling もこの接尾辞を使っています。もとの語はアングロ・サクソン語系の *sibb* で人種、文化などを同じくする血縁者を意味します。これに指小辞［-ling］が付くことによってこの語ができあがっています。

［-cle/-ule］の場合

ラテン語の接尾辞［*-clus*］に由来するものとして particle（粒子）や article（記事、冠詞）があります。前者は part（部分）と指小辞［-cle］とから成り「うんと小さなもの」になります。後者はラテン語の *artus*（joint：関節）に「小さなもの」を表わす指小辞がついてできています。ここには「小規模で繋ぎ合わせのもの」というニュアンスが含意されています。

「手錠、手枷」を表わす manacle はもとの語をラテン語の手（*manus*）にこの指小辞を付与したものです。「小歯」を表わす denticle はラテン語系の *dent*（歯）をもとの語としています。さらに「小骨」特に内耳の「耳小骨」を表わす ossicle はラテン語系の骨（*os*）をもとの語としています。また身近な「伯父」を表わす uncle もこの類の語です。

他に［-ule］を指小辞として取るものに capsule（カプセル）や valvule（小さい弁）molecule（分子）granule（顆粒）などがあります。いずれも「小規模、小粒」の概念が入り込んでいます。

［-kin］の場合

英語では小動物を表わすのに kitty（子猫）、pony（子馬）、puppy（子犬）など指小辞［-y］をよく用いますが、［-kin］を用

いる場合もあります。lambkin の場合はもとの語にこの指小辞が付与されて「子羊」になります。devilkin という語がありますが、これは devil（悪魔）に［-kin］が付いたもので「小悪魔」のことです。この接尾辞は AHD[4] によれば元々ゲルマン語系の古いオランダ語に由来する可能性が高いとのことです。またこの指小辞が人間（man）に付いた場合の manikin は「小人」のことで時に人体の解剖図を表わす場合もあります。

　ハロウィーン（万聖節）では小悪魔などに扮装した子供たちは "Trick or treat!"（お菓子くれなきゃ、いたずらするぞ！）と言って近所を回ってお菓子を貰います。この日はかぼちゃ（pumpkin）が重要な役割を果たしますが、ここでも語尾に［-kin］が用いられています。食卓のナフキンは napkin ですが、これはテーブルクロスを表わす古フランス語の *nappe* にこの指小辞がついたものです。

日本語の指小接頭辞

　韓国初代文化相であった李御寧（2007）は日本人の特徴を「縮み」志向にあるとして扇、俳句、トランジスター、ミニアチュアの人形などを例示し、そこには一定の日本人の認識論、美学、実用性の３つの要因が働いており、それが言語にも表れることを指摘して次のように述べています。

　　　「日本語では拡大の接頭語よりも、縮小をあらわすほうが
　　　もっとも一般的なことばづかいになっています。それが日
　　　本人の愛用する「豆」であり「ひな（雛）」であるのです。」

　たとえば、「豆本」、「豆自動車」、「豆人形」は普通のものより

縮小されたものを指し、時代が変わって灯りを取るのに「豆ロー
ソク」、「豆ランプ」、「豆電球」となって「豆」そのものの縮小を
表わす機能は変わらないことを指摘しています。同様に「ひな
（雛）人形」、「ひな形」、「ひな菊」などにおいても「ひな」がそ
れぞれのもとになる語を縮小していると述べています。

指小辞の認知

　指小辞はこれを用いる表現者の対象に対する親密さや可愛らし
さの認知的かつ評価的態度が反映されたものです。その意味でこ
れが用いられるコンテキストが重要な役割を果たします。シュナ
イダー（Schneider 2003）は

(5)　Diminutives do not occur in isolation, but in context.
　　　（指小辞は単独で用いられることはなく、コンテクストの中
　　　で用いられる。）

　と述べています。
　言語によるコミュニケーションの場においては話し手（S:
speaker）と聞き手（H: hearer）が関与します。Sはある対象
（object）に対しては多少とも主観的な評価的・情緒的要素が加
味された見方をします。たとえばこの対象がJohnという子ども
で、Sが親しく、好ましく、可愛いと思っているときただのJohn
という言い方ではなく付加的な評価的・情緒的な要因を表す指小
辞 [-ie/-y] によってSの対象に対する認識の在り方を反映させ
ます。
　これを発話としてSがHに表出した場合、今度はHはその発
話（Johnnie）を通してDの認識あるいは発話意図にたどり着こ

うとします。これが理解のプロセスです。Hはここで発話場面から得られる知識を計算に入れて理解のための推論を行い、Sの主観的な評価的・情緒的要因が加味されたJohnの理解にたどりつくわけです。

5-3

否定の接辞

接辞による否定の造語過程はすこぶる活発です。そしてここにはもとになる語と接辞、あるいは接辞同士の結合において一定の制約が働いています。英語の否定を表す接頭辞の代表的なものは [non-]、[dis]、[a-]、[un-]、[in-] で接尾辞は [-less] です。それぞれは以下の通りです。

(6) a. アングロ・サクソン語系：[un-]、[-less]
    b. ギリシャ語系：[a(n)-]
    c. ラテン語系：[non-]、[de-]、[dis-]、[in-]

[non-] の場合

この接頭辞はラテン語の *nōn* に由来し、フランス語を経て英語に入ったものです。存在（existence）が [non-] によって否定されて non-existence が生じます。頭字語の NPO は Nonprofit Organization で「非営利団体」です。non-verbal communication は身振り手振りや表情による「非言語コミュニケーション」です。non-smoking は「禁煙」、non-violence は「非暴力」、nonstop は「ノンストップの」、nonsense（ナンセンス）は「無意味」、non-professional（ノンプロの）は「本職でない」などその用途は柔軟で広範です。

[dis-] の場合

　学校などで disease は「病気」と覚えますが、これは否定の接辞 [dis-] ともとの語として核になる [ease] が結合したものです。ease は「安らぎ、安寧」を表わす語で、これが [dis-] によって否定されているわけですから「安らぎ、安寧でない」状態、つまり「病気」となるわけです。この接頭辞はさまざまな語や品詞に付着し、dishonest（不正直な）は形容詞の否定、disorder（無秩序）は名詞の否定、disclose（公表する、覆いを取る）は動詞の否定です。

　ここで dishonest を *unhonest とすることはできません。もとの語の [honest] は元来ラテン語系で、[un-] はアングロ・サクソン系の接頭辞だからです。

[a(n)-] の場合

　これはギリシャ語系の否定の接辞です。ギリシャ語で *theos* は神（God）のことですが、この神の存在を否定する表現が否定の接頭辞 [a-] を付与させた atheism、つまり無神論です。また政治的に anarchy（アナーキー）は政治的リーダーがいない無政府状態のことです。もとの語はギリシャ語の *arkhos*（ruler）で同系の否定の接辞 [a(n)-] によってこの語が成り立っています。

　病理学的な「失語症」は aphasia ですが、この語はギリシャ語のもとの語である *phatos*（spoken, speakable）の否定を表わす語です。したがって、「話せない」状態としてこの語が造語されて

いるのです。また同様にaphoniaという語は基体のギリシャ語の*phono*（音／声）の機能が働かなくなった「失声症」のことです。それではもとの語が*photo*（光）の場合はどうでしょう。これにはaphoticという語がありますが、これは「光がない」あるいは「光が届かない」状態のことを表わしています。

「匿名の」を表わす語はanonymousですが、この語はギリシャ語*onuma*（name）に否定の接頭辞［an-］が付き、さらに接尾辞［-ous］によって形容詞になったものです。

apathy（アパシー）は*pathos*（感情）の存在が否定されて「無感動」な状態です。amoralはmoral（道徳）の意識／観念のない状態です。他の例として以下のものを記しておきます。

(7) achromatic（単色の）
    asexual（性別のない）
    asymmetric（非対称の）
    aphyllous（葉の無い）

［un-］の場合

　これはアングロ・サクソン語の否定概念を表わす接頭辞です。形容詞を基体とした場合、unfair（不公平な）、untrue（真実に反する）、uneasy（不安な）などがあり、生産性はすこぶる高いです。untaught（教育を受けてない、無学な）、unknown（未知の）などのようにもとの語が動詞の過去分詞形による形容詞の場合もあります。他にunbearable（耐えられない）やunthinkable（考えられない）のようにもとの語の後位に接尾辞をもった派生形容詞の事例もよくみられます。

　次にuntie, unfold, unwrapのように動詞を「元の状態に戻す」

ことを含意しています。untie は「結ばれていたものがそうでない元の状態にもどす」ということで「ほどく」、unfold は「折りたたまれていたものをそうでない元の状態に戻す」ということで「開く」、unwrap は「wrap されていない元の状態に戻す」ということで「開ける、解く」といった意味になります。ほかに unbelief（不信仰）、unconcern（無頓着）、unrest（不安、不穏）、unemployment（失業）など名詞に付く場合もあります。

[in-] の場合

　否定の接頭辞 [in-] はラテン語系です。現在は mental hospital という言い方に代っていますが、以前は insane asylum（精神病院）という言い方がありました。この insane はラテン語系のもとの語 sane（正気の）の否定形です。同様に「有限の」を意味する finite に対して「無限の」は infinite です。「堅固な」を表わす firm に対して「脆弱な」は infirm です。「融通の利く」は flexible ですが、「融通の利かない」は inflexible です。このようにもとの語がラテン語系の形容詞に同系の否定の接頭辞 [in-] を付与することによって多くの対応語を造ることが可能です。発音上後ろの /m/ に同化されてできた immortal は mortal（死を免れない）の逆の「不死の、不滅の」の意味になります。

　以下にいくつかの事例を記しておきます。

(8)　inactive（不活発な）
　　　inaccurate（不正確な）
　　　inconsistent（一貫性のない）
　　　injustice（不正）
　　　insignificant（取るに足らぬ）

intolerable（耐えられない）

invincible（不屈の）

　ここで、[in-] はアングロ・サクソン語系の [un-] やギリシャ
語系の [a(n)-] に比較して幾分なりとも「悪」のニュアンスを
含む場合のあることを指摘しておきます。immoral は「不道徳な、
社会倫理に反する」の意味になり、inhuman は「人道からはずれ
た」ということで非難の度合いが強くなります。ほかに impure
は「不純な」から「きたない、みだらな」にまで意味の領域が拡
がる場合があります。inappropriate は何かルールを破ったとき
の「不適切」な事例を想起させます。

[de-] の場合

　2013 年の暮にニューヨーク郊外で大規模な列車脱線事故が起
こり、ニュースや新聞で飛び交った語は derailment でした。こ
れは列車などの「脱線」を意味します。ここではもとの語は [rail]
でこれに「離脱」を意味する接頭辞 [de-] が付与されているの
です。

　[de-] は語源的にはラテン語系で元々「剥奪（remove）」や「逸
脱して（out of, away）」の意味をもっており、このことから de-
personalize（人間性を奪う）、deport（国外追放する）、dethrone
（退位させる）、detour（迂回させる）などの語が造られます。そ
れぞれ基体の意味からの「剥奪・逸脱」を含意しています。

[-less] の場合

　この否定の接尾辞は古英語の *lēas* から来ており without（～が
ない／存在しない）の含意をもちます。この反対の意味をもつ接

尾辞は［-ful］です。「ない」ことを接辞で言いきるわけですから簡潔です。たとえばcarelessは「不注意な」、borderlessは「境界のない」の意味になります。endlessは「果てしのない」ことを表わしますのでendless speechは「いつ終わるとも知れぬ長いスピーチ」になります。hopeless, helplessはそれぞれ「希望」がなく、「援助」がない状態ですから「絶望的な、どうしようもない」の意味になります。「母のない子」はmotherless childです。同種のfatherless（父のいない）、childless（子供のいない）などの語もよく見かけます。次の例は「月が出ていない」夜を表わしています。

(9)　It was a night almost without clouds, **moonless** and starry.
Aldous Huxley, *Brave New World*
（その晩はほとんど雲がなく、月のない星明かりの夜であった。）

　興味深いことにcountlessやnumberlessは逆説的に「数え切れないくらい多い」ことを意味します。またpricelessも「値段がない」のではなく「値が付けられないほど高価な」を意味し、timelessは「時間がない」のではなく「時を越えた、永遠の」の意味で、時間の長さが強調された逆の意味になります。tirelessは「疲れ」がないのではなく、「疲れを知らない」を含意します。a tireless workerは「疲れを知らない／勤勉な労働者」の意味になります。
　この接尾辞がdaunt（怖がらせる）、relent（情けを掛ける）といった動詞の語尾に来るとdauntless（勇猛な）、relentless（情け容赦のない）の形容詞になり、ここではもとの語の原意とは反対の意味がはたらきます。

"regardless of〜" は「〜に関わらず」という副詞的成句を形成しますが、標準的ではないにしても irregardless も同義で用いられます。Quirk et al. (1985) によれば、これは irrespective (〜にも関わらず) と regardless が混交され、前者の [ir-] と後者の [-less] の2つの否定の接辞が重なって強調された形でできあがったものと考えられています。

5-4

医学用語の接辞

　人は誰しも多少とも病気に罹りますが、その際行くところは多くは薬局か病院でしょう。現代では病名や病院内の部局名の翻訳などは概ね英語ですが、その名前は一見複雑極まりないように思えます。しかし接辞のことを知り、少し辞書を引く労をいとわなければそれほど困惑することはありません。次は医学に関連する用語です。

physician と physicist

　ギリシャ語で「ピュシス (*physis*)」という語がありますが、これはラテン語の自然 (*natura*) と同義です。ここから physics (物理学)、physiology (生理学) などの語ができてきます。これは物や身体のありのままの姿を見つめ、その背後にある本質的な原理を探求する姿勢の中から生まれてきたものです。

　医学用語はギリシャ語系統の語が多いのが特徴です。古代ギリシャでは「霊」と「モノ」を分け、この「モノ」はさらに人間の「身

体」と人間以外の「物質」を含んでいました。ここで後に人間の「身体」に関わる専門家を接尾辞［-ian］を付与して physician（医師）とし、「モノ」に関わる専門家を接尾辞［-ist］を付与して physicist（物理学者）としたのです。（参考までに doctor はラテン語由来の語で、本来の意味は *docēre*（教える）から来ています。）

　pharmacology は「薬学」です。［pharmaco-］はギリシャ語で「毒」を意味します。これに「学」（［-(o)logy]）が付いて「毒の学」となっていることを思うと興味深いものがあります。毒と薬は紙一重、薬学は同時に古来「毒」の研究でもあったのです。

診療科の名称

　neuron は「神経」ですが、英語においては語頭に［neur(o)-］を付与することによって神経に関わる種々の用語を造ります。neurology は「神経」についての学問です。neurotic は精神病理学的に「神経症の」を意味します。neurolinguistics は「神経言語学」で大脳と言語の関係を研究する分野です。neurosurgery は「神経」に関する surgery（外科手術）として「神経外科」となります。

　ギリシャ語系で［*derma-*］は「皮膚」です。したがって dermatology は皮膚についての学問、つまり「皮膚科（学）」になります。また otolaryngology（耳鼻咽喉科（学））は少し長いようですが、これは［oto-］（耳）と［laryngo-］（喉頭）と学（［-ology］）の3つの要素が合成されてできたものです。

　筆者は検査などで総合病院に行った時は廊下や部屋の入口に書いてある各診療科の英語の名称をよく書き留めたりします。多くの場合、綴りが長くて分かりにくいのですが、後で辞書で調べてみるとなるほどと頷く場合が多いのです。ギリシャ語系のもとの

語をともなって医学の領域を表わす接頭辞を以下に記しておきます。

(10) ［cardio-］心臓の：cardiology（心臓科学）
cardiovascular surgery（心臓外科）

［nephro-］（腎臓の）：nephrology（腎臓科学）

［ortho-］（真っ直ぐな、正しい）：orthopedics（整形外科）

［ped(o)-］（子供）：pediatrics（小児科）

［psych(o)-］（心理的な）：psychiatry（精神医学）

［radio-］（放射性の）：radiology（放射線科学）

［urine-］（尿）：urology（泌尿器科学）

［ophthalmo-］（眼球）：ophthalmology（眼科）

さらに医学用語を見てみると接辞がいかに多く用いられているかに驚きます。antibiotics は「抗生物質」のことで「対坑」の概念を表わす［anti-］が接頭辞です。malnutrition「栄養失調」では「悪い」の概念を表わす［mal-］、hyperthermia「高熱」では「過度、超える」の概念を表す［hyper-］、現代大きな社会問題となっている dementia「認知症」では「解体、脱落」の概念を表わす［de-］が接頭辞として用いられています。そしてこれらはギリシャ語、ラテン語系の接頭辞です。

［-osis］

この接尾辞は病状を表わすギリシャ語系の接尾辞です。よく耳にする腎臓の異変である nephrosis（ネフローゼ）のもとの語はギリシャ語系の *nephros*（腎臓）です。tuberculosis は結核ですが、もとの語はラテン語系の *tuber*（かたまり、結節）で、これに指小

辞［-cle］が付加されて「小さい結節」を表わす tubercle ができ、さらにこれに病状を表す［-osis］が付いたものです。この接尾辞が付加されてできた語には次のようなものがあります。

(11) a. cirrhosis（肝硬変）：[[kirros] + [-osis]]
　　 b. cyanosis（チアノーゼ）：[[cyan] + [-osis]]
　　 c. leukocytosis（白血球増大症）：[[leukocyte] + [-osis]]
　　 d. pollinosis（花粉症）：[[pollen] + [-osis]]
　　 e. neurosis（ノイローゼ）：[[neuron] + [-osis]]

　なお (11a) のもとの語 [kirros] はギリシャ語で黄褐色（tawny）を表わす語です。実際肝硬変の肝臓の色はこの色に変色しています。(11b) は酸素が十分行きわたらなく皮膚が青味がかってくる症状で青緑色を表わすギリシャ語の [cuanos]（dark blue）に由来する [cyan] がもとの語になってできた語です。(11c) の [leuko] はギリシャ語の「白」で leukocyte は「白血球」のことです。(11d) では基体が [pollen]（花粉）であり、これが原因となって生じた症状として「花粉症」になります。
　(11e) では基体が [neuron]（神経）であり、この病状として「神経症」になります。

[-itis]

　筆者が meningitis（髄膜炎）が発生したニュースに触れたとき、ふとこの接尾辞を思い出しました。このもとの語は meninx（複数形は meninges）で解剖学的には「髄膜」のことで、これに接尾辞 [-itis] が付加されたものです。
　[-itis] は「炎症」を表わす接尾辞です。新聞などで問題になっ

たB型肝炎はhepatitis Bですが、これはギリシャ語の*hēpatikos*（liver（肝臓））にこの接尾辞が付いてできたものです。ちなみにC型肝炎ウィルスはhepatitis C virusです。nephritisは「腎炎」ですが、これは既述の*nephros*（腎臓）がもとの語となってこれにこの接尾辞が付いてできたものです。以下にこの［-itis］が付くことによってできた「炎症」の例を以下に記載しておきます。

(12) a. appendicitis（虫垂炎）：[[appendix]（虫垂／盲腸）
　　　　　　　　　　　　　　 ＋［-itis]]

　　 b. arthralitis（関節炎）：[[athron]（関節）＋［-itis]]

　　 c. dermatitis（皮膚炎）：[[derma]（皮膚）＋［-itis]]

　　 d. pharyngitis（咽頭炎）：[[pharynx]（咽頭）＋［-itis]]

　　 e. tympanitis（鼓室炎）：[[tympanum]（鼓膜）＋［-itis]]

　（12a）はappendix（虫垂／盲腸）の炎症のことです。（12b）は関節（athron）の炎症できびしい痛みが伴います。（12c）では皮膚（derma）の炎症です。アトピー性皮膚炎はatopic dermatitisになります。アトピーは語源的にはギリシャ語の*atopia*（奇妙なこと）から来ています。（12d）ではpharynx（咽頭）の炎症、（12e）についてはtympanum（中耳／鼓膜）の炎症となります。

［-oma］

　腫瘍（tumor）を表わす医学用の接辞に［-oma］があります。［X-oma］です。このXに体内の部位が挿入されたとき「X腫瘍」という病名が造語されます。ギリシャ語で脊椎を表わす［*myel(o)-*］がこの接辞と結合してmyeloma（脊椎腫）ができます。脳を表わす［*encephal(o)-*］がこの接辞を取ってencephalomaに

なれば「脳腫瘍」になります。Xが血液の場合、[hemat(o)-] が入りますから hematoma（血腫）が造られます。他に lymphoma（リンパ腫）、osteoma（骨腫）がありますが、眼病では trachoma（トラコーマ、トラホーム）があります。

[-scope]

　検査場所を特定して視覚化することによって診察を正確にする手段として現代では [-scope] を語尾にもつ医療器具の名称が多くあります。この語尾は「〜を見る器械」あるいは「〜鏡」という意味をもちます。たとえば内視鏡は endoscope です。ここで [endo-] は人間の「内側（体内）」（inside）を表わします。

　人間ドックの検査で身近な「胃の内側を見る器械（鏡）」つまり胃カメラは gastroscope です。ここではもとの語の [gastro-] はギリシャ語の接頭辞で「腹部（belly）」を意味しています。他に pharynx が「咽頭」ですから、pharyngoscope は「咽頭鏡」、[bronchus] が「気管支」ですから bronchoscope は「気管支鏡」、[cardio-] が「心臓」を表わす接辞ですから cardioscope は「心臓鏡」となります。このように体内を直接「視る」器械は種々あって医療の世界に大きな役割を果たしていることが分かります。

5-5

人名の接辞

　命名（naming）が大切であることは時代も洋の東西も問いません。名はある人と別の人とを分けるために付与され、姓はある

家族や部族と別の家族や部族とを分け、かつ継承するために考案されたもので一種のラベルです。名は一般的に両親の意向が働きますが、姓は、改姓しない限り子孫の誰かがこれを引き継ぎ、伝えていくべき性質のものです。民族学、あるいは文化人類学的には父系と母系の差異はありますが、継承されていく姓や名はそれぞれの民族のしきたりによって継承されていきます。

[-e(o)r]

英語の場合、命名に関しても接辞が大きな役割を果たします。そして接辞をみれば何がしかのいわれが暗示されています。姓の場合、たとえば祖先の職業を反映する接尾辞 [-er/-or] があります。Baker さんは「パン屋さん」、Fisher さんは魚介を捕る「漁師さん」、Hunter さんは「猟師さん」と比較的分かりやすいですが、Butler さんは bottle からの類推で祖先はワイン製造の仕事に携わっていたことが推測されます。Palmer さんは基体が palm（掌）で、これを合わせると祈りの仕草ができます。ここからの類推で祖先は「聖職者」ということになります。1980年代「鉄の女」といわれイギリスの首相を務めた Thatcher さんの姓はthatch（萱を葺く）という動詞からきていますから祖先はその昔「萱葺き」の仕事に何らかの関係があった人だったのでしょうか。

他にいくつかの例を以下に記しておきます。

(13) Butcher（肉屋）
　　 Carpenter（大工）
　　 Carter（籠造り）
　　 Cooper（オケ屋）
　　 Miller（粉ひき屋）

Miner（鉱夫）

Parker（守衛）

Potter（陶工）

Taylor（仕立て屋）

Turner（轆轤師）

　もとの語を地域や国にしてその地の国民や市民（住民）や出身者を指す場合は少なくありません。Dubliner は昔からの「ダブリンの住人」、Berliner は根っからの「ベルリン市民」、New Yorker は元からのニューヨーク市の住民です。the East Sider はニューヨークのマンハッタンの「東側の生まれの人」のこと、Highlander はスコットランドの高地住民または出身者のことです。また基体そのままに Hollander または Netherlander はオランダ人、Icelander はアイスランド人のことです。

[-son]

　これは「息子」から「子孫」への意味拡張が起り、Harrison, Jackson, Robinson などのようにもとの語に Harry, Jack, Robin などの人名を取って、その「子孫」という意味を語に持たせています。多くは聖書に出てくる聖人や歴史上の英雄の名前の後ろに付与されます。Johnson は洗礼者ヨハネ（John）、Peterson は十二使途の一人のペテロ（Peter）の子孫、Tomson は同じく十二使途の一人トマス（Thomas）の子孫という具合です。ウィリアム征服王の名をもとの語にして Williamson という姓の方もおられます。

　他に、発明王のエディソン（Edison）、アメリカ第 37 代大統領のニクソン（Nixon）、小説『宝島』の作者で西インド諸島に行ったスティーヴンソン（Stevenson）、そして著名な言語学者のロー

マン・ヤコブソン（Roman Jacobson）の姓もここに記しておきます。他に以下のような姓が浮かびます。

(14) Anderson　Davidson　Robertson　Emerson
　　　Jefferson　Jackson　Richardson　Erickson
　　　Tennyson　Watson　Wilson

[-s]

　これは英語の家系特に父系への帰属を表わす接尾辞で子孫（son of）の意味を持ちます。アイルランド生まれのイギリスの小説家 H.G. ウェルズ（Wells）や映画『マイフェアレディ』に出て主人公の発音を治すヒギンズ（Higgins）先生や劇作家のテネシー・ウィリアムズ（Williams）、熊本洋学校の先生で後の熊本バンドと称される生徒たちを育てた L.L. ジェーンズ（Janes）がいます。例のコナン・ドイルのシャーロック・ホームズ（Holmes）もここに属します。他に次のような事例があります。

(15) Collins　Dickens　Howells　Jenkins　Johns
　　　Roberts　Samuels　Simons　Summers

[-kin]

　これも子孫たちを表わします。聖書の十二使徒であった Simon から Simkin、John からは Jenkin という姓が造られました。したがって Dawkins あるいは Dickinson のように [-kin] と [-s]、[-kin] と [-son] のそれぞれ 2 つが組み合わさってできた姓も多くあります。以下の [-kins] と [-kinson] の例を見て下さい。

(16) a. Dawkins   Hawkins   Hopkins   Jenkins
     Perkins   Wilkins
   b. Atkinson   Dickinson   Hopkinson   Parkinson
     Wilkinson

[-ing]

　これは所属、あるいは由来の意味を表わすアングロ・サクソン語系の接尾辞です。これが姓を表わす事例としてアメリカ第29代大統領ハーディング（W.G. Harding）があります。William の愛称である Bill にこの接尾辞が付いて Billing という方がおられます。著名なイギリスの理論物理学者 S. ホーキング（Hawking）、英国のブラウニング（Browning）詩人夫妻がいます。他に19世紀後半から 20 世紀にかけて英国政界にいた R.I.D. Reading、17世紀に存在した英国の詩人 J. Suckling がいます。

　他に次のような事例があります。

(17) Billing   Browning   Harding   Hawking   Reading
     Suckling

　ここで姓ではありませんが、スカンジナビアからの Viking も元々は「入り江」を表わす古ノルド語 *vik* にその「子孫」あるいは「民」を表わす［-ing］が付いてできたものです。

　なおこの［-ing］と上記［-s］の 2 つの接尾辞が組み合わされてできた姓に詩人のエドワード・E・カミングズ（Cummings）、アメリカ 18 世紀後半の作曲家ウィリアム・ビリングズ（Billings）がいました。

[Mac/Mc-]

　太平洋戦争後GHQ最高司令官のマッカーサー（MacArthur）、スコットランドの書籍商、出版業で名を馳せたマクミラン（Macmillan）、ファースト・フード店のマクドナルド（McDonald）、シェークスピア作品に出てくるマクベス（Macbeth）、コンピューターのマッキントッシュ（McIntosh）、さらにビートルズのメンバーの一人、ポール・マッカートニー（McCartney）など「マク（Mac/Mc）」で始まる姓は英語には少なくありません。この語はもともとケルト系のゲール語（Gaelic）で「息子」「子孫」を表わしていました。特にケルト系のアイルランドやスコットランドを中心とした部族（clan）の一体感をこの姓に託していたからです。他に以下のような事例があります。

(18) a. Macaulay　　MacBride　　MacDowell　　Mackenzie
　　　　MacLennan　　MacNeice　　Macpherson
　　 b. McCarthy　　McCauley　　McClellan　　McCoy
　　　　McEnroe　　McGovern　　McIntire　　McKay
　　　　McLuhan

　他に日本の冒険家植村直己の命を奪ったアラスカ州の山の名前で有名なマッキンレー（McKinley）もここに記しておきます。

[O'-]

　O'SullivanやO'Connellのような人名を表す接頭辞［O'-］は上記［Mac/Mc-］と同じくケルト系の姓を表わすのによく用いられます。ただし［O'-］の場合はアイルランド系の姓に多く、その意味は「息子」「子孫」です。映画でかつて一世を風靡した

小説「風と共に去りぬ」の女主人公 Margaret O'Hara の姓にはこの接頭辞 [O'-] が用いられています。近代化するアイルランドにあって女性の生き方を追求した作家に Edna O'Brien がいます。

　作家の司馬遼太郎は『街道をゆく：愛蘭土紀行 I』のなかでダニエル・オコンネル（O'Connell）（1775–1847）について述べるに際してアイルランド人の姓の特徴について次のように触れています。ここで "オ" は [O'-] のことである。

> 「"オ" の例を少しあげる。アイルランド系アメリカ人である劇作家ユージン・オニール（O'Neill）、同じくアイアリッシュ・アメリカンである女流作家のフラナリー・オコーナー（O'Connor）、同じく荒野の風景画をかく女流画家のジョージア・オキーフ（O'Keeffe）、おなじく女優のマーガレット・オブライエン（O'Brien）、あるいは映画「静かなる男」で有名なジョン・ウェインと共演したハリウッド女優モリン・オハラ（O'Hara）などである。」

　他に米国イリノイ州、シカゴの主要国際空港 O'Hare International Airport があります。また短編小説家で知られる Liam O'Flaherty という作家がいます。

[Fitz-]
　アメリカ第 35 代大統領の John Fitzgerald Kennedy は 1960 年代の冷戦下にあってキューバ危機の回避などその名を歴史に刻んでいますが、実は彼は歴史上はじめて WASP（White, Anglo-Saxon, Protestant）出身ではないアメリカ大統領としても歴史に名を

残しているのです。事実彼のルーツはアイルランド系で、その宗教的背景はカトリックです。彼のミドルネームはFitzgeraldで、ここでこの接頭辞が用いられている以上、アイルランド系であることがわかります。

　[Fitz-] はかつて王族の庶子を表わすのに用いられていました。「子孫」を表わすことには変わりありませんので [Fitz-X] でXの庶子あるいは子孫として用いられるようになったわけです。

　19世紀中葉のジャガイモの大飢饉を引き金に多くのアイルランド人はアメリカ大陸に移民として移住していきました。その末裔たちの痕跡は彼らの姓に垣間見ることができます。アメリカの小説家フランシス・S・フィッツジェラルド（Francis S. Fitzgerald）はその例です。接頭辞 [Fitz-] をもつ姓は他に Fitzroy, Fitzwilliam の例があります。

人名に由来する花の名前（[-ia]）

　ここで人名から来た花の名前を想起しておきます。ここでは概して接尾辞 [-ia] が用いられています。magnolia（モクレン）はフランスの植物学者 Pierre Magnol（1638–1715）から来ています。begonia（ベゴニア）はフランスの植物学の奨励者 Michel Bégon（1638–1710）に由来しており、白い花で際立った香りをもつ gardenia（クチナシ）はアメリカの園芸家の Alexander Garden（1730–1791）に由来したものです。また cattleya（カトレヤ）は19世紀イギリスの植物学のパトロンであった英国人の William Cattley（1788–1835）の名前に由来します。zinnia（百日草）はドイツの植物学者 J.G. Zinn（1727–1759）に因んでつけられたキク科の花です。dahlia（ダリア）はリンネの弟子でスウェーデンの植物学者 Anders Dahl（1751–1789）に因んでいま

す。また、buddleia（フジウツギ）はイギリスのアン女王時代の
エセックスの聖職者 Adam Buddle（1662–1715）から来ています。
このように花の命名に際して接尾辞［-ia］の威力はすこぶる大
きなものがあります。

地名の接辞

［-cater］、［-chester］、［-cester］

　この接尾辞はローマの城塞または陣営のあった土地の痕跡を伝
えています。そしてこの中心にはラテン語の *castra*（城）があり
ます。Lancaster はここを流れている川の名 Lune をもとの語と
してルネ川の畔に作ったローマ軍の駐屯地（城砦）という趣旨で
Lune-Castra つまり Lancaster ができあがったものです。Doncaster
も同様にその意味は Don 川の畔に造られていたローマ軍の駐屯
地に由来しています。

　この語尾の［-caster］の変異体として［-chester］があり町の名
前は Chester そのものの他に Colchester, Manchester, Winchester
があります。また変異体が［-cester］の場合は Gloucester, Leices-
ter, Worcester があります。発音は簡略化されて［-stər］です。

［-bury］、［-burgh］、［-burg］

　イギリス国教会の総本山 Canterbury は元々 Kent 地方の中心
都市でしたが、この語は「Kent の砦」という意味です。接尾辞
［-bury］は古英語の *burg* に由来して「砦」の意味をもっていまし

た。当時は「砦」が城壁となって「町」を形成していました。イギリスの地名にある Salisbury は「守りの堅い砦」、Newbury は「新しい砦」Sudbury は「南の砦」の意味でいずれも古くからの「町」です。

　スコットランドの首都 Edinburgh は接尾辞に［-burgh］を取っていますが、これは自治都市である borough のことです。これがこのまま使われている町が Peterborough です。これは同時に［-burg］の形で「砦に囲まれた町」を表わします。これは同じアングロ・サクソン語系のドイツ語やオランダ語にも見られます。たとえばドイツで Hamburg、オランダで Middelburg、オーストリアでは Saltsburg の町があります。これはドイツ語、オランダ語、英語は元々ゲルマン系のひとつの同族言語であったからです。

　アメリカではフィラデルフィアの州都 Harrisburg があり、イギリス 18 世紀の政治家大ピット（The Elder Pitt)」にちなむ地名 Pittsburg、さらに Greensburg や Williamsburg、リンカーンの奴隷解放の演説が行なわれた場所で有名な Gettysburg などが思い浮かびます。

［-ton］と［-ham］

　これは元々古英語の［-tūn］（town）から来ています。元々の意味は「囲い地」でした。これが「農場」となり、さらに「村／町」に変容してきました。Lancashire の主要都市 Preston は "Priest's Town" に由来するといわれています。きっとその昔この地に「聖職者」がいたに違いありません。Clifton は cliff（崖）の近く、または崖に囲まれた地（［-ton］）であったと思われます。イギリス南東部の都市 Brighton は 1783 年以降当時の皇太子（後のジョージ IV）の肝入りでできたリゾート地域でしたが、文字通り

bright（明るい）な村／町という趣をもって建設されました。

　これは人名にも用いられています。イギリス最初の活版印刷業者の W. Caxton、アメリカ第42代大統領の W.J.Clinton、17世紀イギリスの近代数学、物理学者 I.Newton、姓をホテル名として知られている Hilton の姓もここに記しておきます。

　前述の司馬遼太郎氏の同書の中には「ついでながら英国の地名の最後に ton（たとえば Washington）とか ham（たとえば Buckingham）という語がつくのは、トムもハムも"村"という意味だそうで、そういう英国地名を姓にしている以上、Gresham さんも英国人にちがいない。」という一文がありますが、さすがに司馬さんの「知」の目配りの的確さに感心します。

[-mouth]

　mouth は地形的には「外に開かれている出入口」として「河口」を意味します。接尾辞として用いられる場合、発音は強勢を取らないので [-məθ] です。この接尾辞が付いた地名は Plym 川の河口で1620年にメイフラワー号が新大陸に向けて出発した港 Plymouth、またイギリスでは作家ディケンズの生誕の町、アメリカではニューハンプシャー州の軍港で日露戦争後の講和条約締結の地であった Portsmouth があります。いずれも海の出入り口である港湾（port）の町でした。名門大学のある Dartmouth は Dart 川の河口を意味しています。他にイギリスの Tynemouth は Tyne 川の河口を表わしています。

[-ford]

　元々接尾辞 [-ford] は「浅瀬」を意味していました。この接尾辞が付く名の町は概ね川や湖畔に位置していました。シェ

ークスピアの生誕地の Stratford-upon-Avon はアヴォン川の畔
にある「街道沿いの浅瀬／渡り場」という意味をもっています。
Stratford の語頭部分はラテン語の *strata*（街道）に由来してい
ます。Hartford は「牡鹿の渡り場」に付いた地名でした。Clifford
は cliff の類推で「崖のある浅瀬」を町として命名されたことが
予想されます。Milford は粉ひきをする（mill）場所の浅瀬とい
う解釈が可能です。そしてよく知られた Oxford は「牛（ox）の
渡る浅瀬」が源意であったことが予想されます。

5-7

「上まわる」の接辞

[out-]

　基体が自動詞にもかかわらずこの接頭辞が付与されると他動詞
に変身する場合があります。live は自動詞で「住む、生きる」で
すが outlive になると目的語を取って他動詞となり「～より長生
きする」という意味になります。ここでは［out-］は接頭辞の機
能をもち、もとの語を「上まわる」という意味を付加して他動詞
に変容します。他に last は「継続する、持ちこたえる」の意味を
もつ自動詞ですが、outlast になると「ものが～より長持ちする」
という他動詞になります。ここで［out-］は「凌駕する」ことを
表わし「凌駕されるもの」を目的語とする他動詞に変容している
ことが分かります。次の例をみて下さい。

(19) Mary **outlived** her brother by ten years.

（メアリーは兄より10年長生きした。）

　同様に run（走る）は元々自動詞にもかかわらず接頭辞［out-］によって outrun になると「～を追い越す、～より遠くまで走る」という「凌駕する」の意味をもった他動詞となります。

［over-］

　上述とは逆に接頭辞を付与して他動詞を自動詞に変容する場合があります。たとえば eat（食べる）は通常目的語を取る他動詞です。しかし接頭辞［over-］を取って overeat になると「食べ過ぎる」という意味で自動詞になります。［over-］はもとの語の他動詞を「過ぎる」という言い方にくるんで自動詞化してしまうわけです。

(20) a.　Clare eats English muffin.
　　　　（クレアはイングリッシュマフィンを食べます。）
　　b.　*Clare overeats English muffin.
　　　　（クレアはイングリッシュマフィンを食べ過ぎます。）

　ここでは（20a）は適切ですが、（20b）は不自然です。後者では、「過ぎる（over）」は状態を表わし、目的語を取るタイプの動作動詞ではなく、もとの語である eat の他動詞性を無効にするからです。
　同様に自動詞 stay（滞在する）に［over-］が付与されて overstay になるともとの語である自動詞 stay は他動詞になり、"She overstays her visa." のように外国人などが滞在期間を越えて「不法滞在する」ことになります。
　しかしすでに（19）（20）で述べた事例とは違って［out-］［over-］

などの接頭辞が付けばもとの語の意味は大きく変わりますが、機能が変わらない場合もあります。たとえば sleep（眠る）は自動詞ですが、接頭辞 [over-] が付与されて oversleep になっても「寝坊をする」という自動詞です。throw（投げる）は目的語を取る他動詞ですが、overthrow となると比喩的に政権などを「打倒する」といった他動詞になります。このように [out-] や [over-] の造語上のはたらきは複雑ですがこの複雑さこそこの種の接頭辞の特徴です。

5-8

その他の接辞

[tele-]

　英語の造語力の豊かさを接辞付与にみる例として [tele-] があります。この接辞は元々ギリシャ語で「遠い（*afar*）」の意味を表わす形容詞でした。したがって同一語源結合の原則によりもとの語はギリシャ語由来の語を取ります。

　天文学者のガリレオ・ガリレイが駆使したと伝えられる telescope（望遠鏡）は遠くのものをその視界（scope）において見るための道具です。グラハム・ベルが有線の telephone（電話機）を発明したのは 1867 年でしたが、これは遠く離れている話し手・聞き手の間で一瞬のうちに音（phone）を伝えるものです。

　telepathy（テレパシー）は人の気持ちや心情的な思い（*pathos*）が遠くにあって一瞬のうちに感応することを意味します。telegram（電報）は遠いところに迅速に文字（*gram*）を伝えるもので

す。他に驚異的な進歩を遂げている television（テレビジョン）は遠くに映像（*vision*）を伝えるものです。医学の世界の teletherapy は「遠隔治療」、通信事業の telecommunication は「遠距離通信」、telefax は「遠距離ファックス」のことです。さらに最近の 24 時間テレビなどで用いられる telethon は「寄付金集めのために行う長時間番組」のことですが、長時間休むことなく続けることをマラソン（marathon）の語尾 [-thon] が引き受け、television の接頭辞 [tele-] がこれに付与されたものです。

[syn-] と [com-]

「〜と共に」の意味を表わす接頭辞には [syn-] と [com-] があります。両者は語源が異なり、[syn-] はギリシャ語系、[com-] はラテン語系です。[syn-] は次にくる音の影響を受けて同化（assimilation）により [sym-] に変異し、[com-] は同様の理由で [co-] [cog-] [col-] [con-] [cor-] などに変異することがあります。

「交響曲」は symphony です。これはギリシャ語で音（*phone*）を「共に」（[syn(m)-]）する（奏でる）ことです。symmetry はギリシャ語で *metron*（尺度、寸法）を等しくすることになります。言語学でいう syntax（統語論）は *tax*（arrange：配列）を共にする（[syn-]）ものということになります。また生物学の用語 symbiosis は「共生」関係を表します。

共感的な関係の中で苦しみや悲しみを共有する心は「同情心」ですが、これは英語では sympathy です。哀感（*pathos*）を共にする、というわけです。

水泳で音楽に合わせてダンスのように激しく泳ぐ動作が美しい synchronized swimming は「時を同じくして」泳ぐことによって美と技を競う競技です。この語の中に組み込まれている *chronos*

はギリシャ語で「時間」を表わします。

　company, compare, compass などにみられる接頭辞 [com-] は「共通した」「共に」の意味です。company は一般に「会社」と訳されますが、実はこの語の中にあるラテン語の「パン」(*pānis*) を共に食する「仲間」が原意です。compare は「比較する」ですが、ここにはラテン語の「共に等しくする」(*par*: equal) の原意が含まれています。compass は羅針盤、製図用のコンパスの意味ですが、語源的には接頭辞 [com-] がラテン語の「歩み」(*passus*) と合成されたものです。ここには旅や測量などで「歩みを共にするもの」という意味が含まれています。興味深いことは、compete は「競走する」の意ですが、ここでは [com-] とラテン語の「求める」(*petere*) が結合されています。確かに競争することは「共に何かを求め、目指すこと」に違いありません。

　他に comrade は「仲間、同志」を表わします。computer は共に計算する (*pute*) もの ([-er]) です。compromise は「共に」promise（約束）を共有しあうところから「折り合う、妥協する」という意味が生じてきたと思われます。卑近な common, communicate, community は「共通の」、「相互に伝えあう」、「共同体」の意味ですが、[com-] は、ここでは「共に」を意味する接頭辞として絶妙なはたらきをしています。

[inter-] と [intra-]

　英国に行くと intercity の列車に乗る機会があります。都市と都市を高速で結んでいる列車です。この [inter-] はラテン語の接頭辞で「～間の」(between) の意味を表わします。intercollegiate は college 間、つまり大学間の対抗試合でいわゆるインカレのことです。「大陸間弾道ミサイル」は intercontinental missile

です。先行語の中にある continent（大陸）に接頭辞の［inter-］が付与されているからです。最近の学問・研究領域において異分野との提携による複数の学問分野にまたがる学際的な領域に対しては interdisciplinary という言い方がすでに定着しています。個人あるいは地域や民族間の異文化間のコミュニケーションは intercultural communication です。一方的ではなく、双方向性の交流の場合は interact で interactive, interaction はこの派生語です。そして何よりも international はもとの語である nation 間の双方向的な関わりです。［inter-］を図示すれば以下のように集約されます。

(21)　　inter:　between X^1　and　X^2

$$\langle \ (X^1) \ \blacktriangleleft\text{-----}\blacktriangleright \ (X^2) \ \rangle$$

(between)

　ここではもとの語である 2 つの X 間の双方向的な関係を示しています。これに対して［intra-］は同じくラテン語系の接頭辞ですが「～の内部に」（within）の意味を表わします。intradepartmental は department の内部にある何かを示します。intrastate（州内の）は state（州）の内部に関することで interstate（州間の）と対照的です。さらに医学用語として intra-cerebral cortex は「大脳皮質内」、intramuscular は「筋肉内の」、intrauterine は「子宮内の」です。intranasal はこの中の nose に由来するところから「鼻腔内の」を意味します。また治療法として intravenous injection の先行語は「静脈内の」の意味で、全体としては静脈注射になります。またこの語を使って John is fed intravenous. と言えば「ジョ

ンは点滴を受けている」になります。

　他に intranet はコンピューターで社内や学内などの限られた範囲内で用いられる情報ネットワークシステムです。intramural は基体であるラテン語の *mūrus*（壁）の内側ということで「学内の」「屋内の」の意味をもち、intramural games は学内対抗試合です。生理学的には intracellular（細胞内の）は細胞の壁内のことを意味します。これを図示すると次のようになります。

(22)　　　intra:　　　X^1　　　within　　　X^2

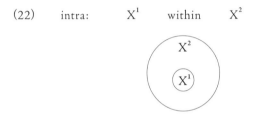

［photo-］と［phono-］

　［photo-］はギリシャ語の〈*phōs*〉で光（light, ray）、［phono-］は同じくギリシャ語の〈*phōnē*〉で音（sound）を表わします。この 2 つは多くの派生語を造ります。

　光学の基本単位である「光子」は photon です。ここでニュートンの「光の粒子（光子）」説を思い出します。ちなみに光の波動説は a wave (undulatory) theory of light です。また感光紙のように光に敏感に反応することを photosensitive といいます。

　photograph（「写真」）は光〈*photo*〉に感光させてできた図像〈*graph*〉です。ちなみに phótograph, photógrapher, photográphic はそれぞれ強勢の位置が異なります。ごく日常的な「コピー」は通常 photocopy（写真複写）で、そのコピー機はその行為を担ってくれるモノ（道具）／ヒトを表わす接尾辞［-er］が付加されて

photocopier となります。

　植物の光合成は photosynthesis でもとの語の synthesis はギリシャ語起源で「合成、統合」を意味します。マスコミなどで活躍する「報道写真家」は photojournalist です。残念ながら工業都市でヒトの健康にも被害を及ぼす「光化学スモッグ」は photochemical smog です。またカメラ好きの方には露出が気になるところですが、露出計は photometer です。

　それでは音（[phono-]）の方はどうでしょう。英語表記は phonogram（表音文字）であるというとき、文字が音（発音）を表わしているということです。これは漢字のように ideogram（表意文字）と対照をなしています。いわゆるアルファベット（Alphabet）はギリシャ語の最初の二文字「アルファ（α）・ベータ（β）」の結合からできており、ここにフェニキア文字、ギリシャ文字を通した表音文字の由来をみることができます。

　これが語尾に用いられた場合には megaphone（メガフォン）、earphone（イヤフォン）、headphone（ヘッドフォン）、gramophone（蓄音機）、microphone（マイクロフォン）、telephone（電話）など、楽器では saxophone（サクソフォン）、xylophone（木琴）、言語学では homophone（同音異義語）などとして用いられ、その種類は少なくありません。

[eco-]

　「エコ」といえば現代を代表するキーワードのひとつです。その由来は ecology という語の前位にある [eco-] です。これは元々ギリシャ語の *oikos*（house）に由来しています。economy は「家」をやりくり（manage）していくことです。この「家」の概念が「地域」「国家」と拡がっていったものです。現代では [eco-] は

広く生命体（organism）と環境（environment）との社会学的あるいは生態学的関係についての科学あるいは学問領域に繋がっています。私たちが「生態系を守る」というときは ecosystem を守ることになります。その逆は ecocide（「環境破壊」）です。また生態系をチェックする環境保全の活動家は eco-warrior です。eco-education は「環境教育」、eco-friendly は「環境に優しい」となります。これが日本語に入って「エコバッグ」などといった新造語が造られました。

アラビア語起源の［al-］

英語はアラビア語の影響も受けています。接頭辞にアラビア語由来の定冠詞［al-］が用いられている語は英語の他言語との接触を考えていく上で参考になります。中世のはじめ、529年にアテネのアカデミアが閉鎖され、多くのギリシャの学者がペルシャに逃れて行きました。やがてサラセン帝国の基礎が築かれ、696年にはアラビア語が公用語となります。ハルン・アル・ラシッドの治政下、8世紀後半から9世紀にかけてサラセン帝国の国威発揚と文化の繁栄をみることになります。832年にはバグダッドに哲学研究の学校をつくり、ギリシャ文献の翻訳を奨励していきます。中世ヨーロッパが戦乱で荒れ、宗教ドグマの暗鬱さに沈むなか、ギリシャ以来の多くの学芸はこのアラビア半島で継承されていくことになります。

言語は文化や歴史、風土の反映です。多くのアラビア語がやがて科学用語を中心に後進の英語圏に入って行きました。そのなかにはアラビア語であることを証す［al-］を接頭辞とする語彙がありました。数学でいう algebra（代数）、化学でいう alcohol（アルコール）、alkali（アルカリ）、alchemy（錬金術）などは当時の

アラビア人の科学への関心の深さを伝えています。時（歴史）の変化を記録する almanac（暦、年鑑）は貴重なものでした。部屋つづきの奥まった空間、床の間などは alcove ですが、これもアラビア語由来の語です。

[en-]

　enshrine はヒトやモノを「宮や祠に入れて祀る」こと、endanger は「危険にさらす」つまり「危険な状態に入れる」ことを意味します。この接尾辞は次に来る語の状態に「入れ込む」こと、つまり一般的に "put someone/something into the condition of N/A"（誰かまたは何かをある状態に入れ込む）ことです。基体が名詞（N）の場合、enslave は誰かを「奴隷の状態に入れ込む」ことです。engulf は「湾状に入れ込むまたは巻き込む」ことです。もとの語が形容詞の場合、enable は「誰かが〜（すること）を可能にする」こと、enlarge は「何かを大きくする」こと、ensure は「誰かに何かを保証すること」、enrich は「誰か／何かを豊にする」ことでここには因果関係が含意されています。

[pro-] と [epi-]

　この接頭辞がうまく生かされている事例としてギリシャ神話のプロメテウス（Prometheus）とエピメテウス（Epimetheus）の兄弟をめぐる話があります。[pro-] は「前もって知る」、[epi-] は「後になって知る」の意味です。

　ゼウスの命令を受けたヘーパイストスという物造りの神が泥から女性を作り、これにパンドラという名前を付けましたが、神々の手で天上の女神と変わらぬほどの美しい姿になりました。地上に送りだす時に持たせた贈り物の甕（かめ）には「病」「復讐」「恐

れ」など人間のあらゆる悪徳、不幸の原因となるものが入っていましたが、その中に1つ「希望」を潜ませていました。

　他方プロメテウスと呼ばれた神は弟エピメテウスと一緒に人間の男性を作り上げ、これにあらゆるものを与えましたが最後に男を寒さから身を守るために火を与えてやろうと思ってゼウスに相談しましたが、ゼウスはこれを拒否。途方に暮れたプロメテウスはそれでも諦めず最後には天上から火を盗んでこの男に与えます。

　パンドラは地上に降りて先の読めぬ弟のエピメテウスの所に来ましたが兄は先が読めるので「ゼウスの贈り物には気をつけろ」と忠告をします。しかし先の読めぬ弟はパンドラを好きになってしまう。そしてパンドラは贈られた甕の中身が気になって耐えられずに蓋を開けるとあらゆる禍や悪徳が飛び出しましたが「希望」だけが最後に残ったのでした。かくして人間は外界に飛び出したあらゆる不幸を受けることになるが、残された「希望」を頼りに生きていくことを運命づけられる、というわけです。

　さて先の読めるプロメテウスはこの後火を盗んだ罰としてコーカサスの山頂に鉄の鎖で繋がれ禿鷹の襲撃を受けますが後にヘラクレスに鎖を解いて助けられることが分かっていたのです。

　この2つの接頭辞を用いた英語語彙として事前の［pro-］ではプロローグ（prologue）は「序幕、序文」、pro-active は「行為」に先立つ「先見の明」を表わします。「約束」の promise は「先へ（［pro-］）」「送る（mittere）」こと、propose は「前に（［pro-］）」「置く（pose）」ことです。

　［epi-］については、エピローグ（epilogue）は「結語、納め口上」で事後の締めくくりを意味します。追慕の「墓碑銘」はepitaph、文学や思想などの追随者、模倣者は epigone（エピゴーネン）、episode は事後の「挿話」です。epigram は基体の［gram］

（文字）に関わって「警句」、epigraph は基体の［graph］（書かれたもの）に関わって「碑文」です。なお名祖(なおや)の eponym の接頭辞［epo-］はこの［epi-］から変化したものです。

[-ness]

造語における拡張用法の例として接尾辞［-ness］があります。これはもとの語の形容詞を抽象名詞にする接尾辞です。そしてこの基体は多様です。次の例を見て下さい。

(23) a. matter-of-factness
  　　up-to-dateness
  b. standoffishness
  　　fed-upness
  c. nothingness

ここで (23a) のように［matter-of-fact］［up-to-date］のような成句がもとの語である場合があります。また (23b) のように句動詞［stand off］がその統語的要因たる時制が捨象されて名詞化され、これに形容詞を造る [-ish] が付き、次いで［-ness］が付与されて抽象名詞ができるという造語プロセスを踏む場合があります。fed-upness はもとになる部分が句動詞［feed up］の過去分詞形です。(23c) では［nothing］そのものは不定代名詞ですが、ここでは［-ness］によってこの語が形容詞に変容されていると考えられます。nothing が AHD⁴ でも "insignificant or worthless"（取るに足らない、または価値のない）という意味の形容詞としても記載されているのです。このように［-ness］は基体にさまざまな語句を取ることによって生産性豊かな接尾辞であ

ることがわかります。

[-ee]

「拉致被害者」は abductee、「検査、試験される人」は examin-ee、何かの賞に「ノミネートされている人」は nominee、として用いられる接尾辞 [-ee] は一般的に何かを「する」側ではなく「される」側、あるいは「被る」側の人を表わします。ここでは磯崎（2011）も指摘しているように、話者の意図が反映されないという「意思コントロールの欠如」（lack of volitional control）の意味論的な制約がはたらきます。したがって行為の意図の源は行為者の側にはありません。

これは元々フランス語の過去分詞形の [-è] に由来し、英語の発音では /iː/ となり、潜在的に〈受身〉の意味を担っています。事例としては patentee（特許権保持者）、licensee（免許保持者）、grantee（奨学金・助成金の受領者）のようにラテン語系の法的・制度的な用語の語尾として付与される場合があります。また他動詞を基体としてある行為の対象となる人間を表す場合があります。employee（従業員）、arrestee（被逮捕者）、appointee（被任命者）などがその例です。また、何か団体や組織の会員から運営などの信託をうけた人は trustee つまり「理事」となり、試合や競技などの当事者の振る舞いの是非や結果を照会し、裁定してもらう存在として referee つまり「調停者、審判員」があります。

地球上では紛争や飢餓によって行き場がなく、国境を越えて移動せざるをえない「難民」が多くいます。このような人々のことを refugee といいます。選挙などで「不在投票」は absentee vot-ing、「不在地主」は absentee landowner ですが、ここで absenteeは「不在者」を表わしています。

さらにもとの語が自動詞の場合でもこの接尾辞が用いられる場合があります。たとえばstandeeは「立っている乗客」や「立見客」、retireeは「定年退職者」を表わします。

日本語の接辞

6

ここで比較のために日本語の接辞について触れておきます。日本語には和語と漢語がありますが、このいずれにおいても接辞が大きな役割を果たしています。

6-1

和語の接頭辞

　和語の場合、接頭辞に色を使って［青―］の場合は「未熟さ」を表して「青二才」「青くさい」があり、［赤―］の場合は「全くの」の意味を表して「赤恥」「赤裸」「赤ん坊」などがあります。形容詞「荒い」「粗い」からきた［荒―］と［粗―］にはもとの語に動詞の連用形をとって「荒挽き」「荒削り」「荒立てる」そして「粗拭き」「粗縫い」「粗拵え」などの事例があります。［合―］［相―］も「一緒に、共に」の意味を表わす接頭辞になります。もとの語が名詞の場合は「合客」「合弟子」、もとの語が動詞の場合は「相乗り」「相並ぶ」「相反する」などの事例です。

　丁寧語の「お」は「お車、お写真」、「ご」は「ご利用、ご出版」、「み」は高位の立場の人の「み言葉、み位」といった言い方がありますが、これらの「お」「ご」「み」は漢語の「御」一字に通じています。

　形容詞を強調する接頭辞には、「か細い／か弱い」「け高い」「ず太い」「た易い」「どぎつい」「ま新しい」「もの寂しい」「生ぬるい」「ほの暗い」などの［か―］［け（気）―］［ず（図）―］［た―］［ど―］［ま（真）―］［もの―］［なま（生）―］［ほの（仄）―］などがあります。これらの接頭辞は次に来るもとの語の形容詞を多

少とも際立ちをもって強調したり語調を整えます。そしてこれ自体で独立した「語」として用いられることはありません。このうち［ま―］は「真南」、「真正面」、［ど―］は「ど根性」「ど素人」のように名詞の前にも用いられます。［ほの―］は反復型の「ほのぼの」の前半部で〈うすうす〉〈少しばかり〉の意味を表わしています。

6-2

漢語の接頭辞

　漢語の場合、［sub-］または［near］の意味をもつ［亜―］を用いて「亜熱（寒）帯」「亜鉛」「亜塩酸」などがあり、［semi-］の意味をもつ［準―］を用いて「準決勝」「準優勝」「准看護師」などがあります。［副―］は［vice-］の意味をもちますが「副会長」「副委員長」「副部長」などその例は多いです。「第二の」という趣旨では「副都心」などがあります。［過―］は［over-］の意味をもって「過半数」「過保護」などの事例があり、［新―］は［new-］、［旧―］は［old-］ですがそれぞれ「新市街」「新庁舎」、「旧市街」「旧庁舎」という言い方が可能です。また「現職」を表わす［現―］は英語では"the present ～"ですが、これを接頭辞とした場合「現知事」「現内閣」「現役員」などの言い方があります。

　さらに、故人を表わす場合は英語では"the late ～"を用いますが、日本語では［亡―］［故―］をもとの語の前に冠します。前者の場合は「亡父」「亡母」「亡夫」などのように概ね身内の家族に用いますが、後者では「故～氏」「故～様／殿」のように家

族以外の人を敬して用いられます。オリジナルや大本の概念を表わす［原—］は「原動力」「原判決」「原産地」などがあります。

和語の接尾辞

　もとの語が名詞の場合は「新人だてら」「子供だてら」の［～だてら］はこれだけで自立語として用いられることはありません。「春めく」「冗談めく」の接尾辞［～めく］はもとの語の名詞を動詞にしますが、これは動詞の「めかす」から来ています。「三人がかり」の［～がかり］は動詞「掛る」から来ている接尾辞です。変異体としては「芝居がかった」という言い方があります。［～だらけ］は「傷だらけ」「ごみだらけ」「血だらけ」のように名詞が基体となり、そのもとの語が示すものにまみれている様をいいますが、概してこの接尾辞はもとの語の存在が度が過ぎている状態を示唆します。

　前に数字が来て「～人あたり」という言い方をしますが、この［～あたり］は「～について／～に対して」の意味をもった接尾辞で動詞の「当たる」に由来しています。「病気あがり」「役人あがり」などの［～あがり］は、以前もとの語が表わす状態にあったことを示す接尾辞です。「歌いまくる」「喋りまくる」「走りまくる」の［～まくる］は「捲る」から来ており、繰り返してもとの語の動作をくり返すことを示唆する接尾辞です。

　もとの語が形容詞から名詞化されたと考えられる「悔しまぎれ」「苦しまぎれ」の接尾辞［—まぎれ］は動詞「紛れる」に由来

しますが、「どさくさまぎれ」のように取りこみ中で慌ただしい様を表わす名詞をもとの語として造語されている場合もあります。

　もとの語に普通名詞と動詞由来名詞の両者を取る動詞（「振る」）由来の接辞に［〜ぶり／〜（っ）ぷり］があります。たとえば「男ぶり」「役者ぶり」と同時に「飲みっぷり」「走りっぷり」も可能です。「やりぬく」「考えぬく」の［〜ぬく］は「貫く」から来てやりかけたことを最後まで「貫徹する」の意味を表わします。「考えこむ」「飛びこむ」の［〜こむ］は「込む」から来て何かの中に入り込むことを意味します。「走りきる」「泳ぎきる」の［〜きる］は「切る」から来て物事を節目までやり遂せることを含意します。「言いかける」「腐りかける」の［―かける］は「掛ける」から来て何事かを始めた状態にあることを表わします。他の事例を少し以下に記しておきます。

(1)　［〜がち］：遠慮がち　曇りがち　喋りがち
　　　　　　　　滑りがち　眠りがち
　　［〜がましい］：意見がましい　差し出がましい
　　　　　　　　　他人がましい
　　［〜ぐるみ］：家族ぐるみ　村ぐるみ
　　　　　　　　会社ぐるみ　業界ぐるみ
　　［〜づくし］：町づくし　魚づくし
　　　　　　　　国づくし　言葉づくし

和語の接尾辞

109

漢語の接尾辞

　もとの語の後に来て発音が元々は中国から来た音読みである語が機能的に接尾辞である場合が少なからずあります。[〜中（ちゅう [chuu]）] は「工事中」「話し中」「授業中」のように発音は音読みで継続した時間の推移を表わす接尾辞です。[〜家（[ka]）] は「楽天家」「愛妻家」「書道家」のようにもとの語が表わす傾向を持った人、あるいはその道のプロとして精進している人のことを示唆します。発音は音読みの「か」です。これは「* あれは [中（chuu）] です」「* あれは [家（ka）] です」といった言い方はできません。これは独立した自立語ではないからです。この種の事例は多く、卑近なものをいくつか以下に記しておきます。

(2)　[〜街]（がい）：商店街　中華街　学生街　ユダヤ人街
　　　　　　　　　　シャッター街
　　　[〜計]（けい）：寒暖計　湿度計　気圧計　体温計　電流計
　　　　　　　　　　速度計
　　　[〜者]（しゃ）：科学者　教育者　親権者　文学者　債権者
　　　　　　　　　　人格者
　　　[〜道]（どう）：東海道　中仙道　山陽道　東北道　山陰道
　　　　　　　　　　西海道
　　　[〜風]（ふう）：学者風　商人風　東洋風　アン王朝風
　　　　　　　　　　王朝風
　　　[〜化]（か）：日常化　映画化　大型化　液化　気化　近代化
　　　　　　　　　　国際化

［〜外］（がい）：想定外　問題外　専門外　権限外　範囲外
論外

6-5

敬称の接尾辞

　日本語の敬称の接尾辞として［〜殿］［〜様］［〜閣下］［〜先生］
などの言い方があります。人名の標識で幕府や藩の首長を「鎌倉
殿／細川殿」と呼んだり、手紙で「山田様」と書いたり、呼称し
たりします。また大使など国を代表する地位の人には［〜閣下］
という言い方をします。［〜先生］という言い方も実際の職業と
しての先生に対する言い方というよりも時には政治家などに拡張
された敬称の接尾辞として用いられることがあります。

　なお、「お待ちどうさま（ん）」「ご苦労さま（ん）」の［〜さま
（ん）］は人名の称号標識ではありませんが丁寧さを含意する接尾
辞です。

6-6

動詞由来の接頭辞

　時に緊迫した場面で耳にする「ぶっ倒す」の接頭辞［ぶっ〜］
は動詞の「打（ぶ）つ」の連用形「打（ぶ）ち」から来ています。
これは「ぶっちぎる」「ぶっ放す」「ぶっ飛ぶ」「ぶっ掛ける」な

どのように用いられます。一般的に日本語では動詞連用形が促音便化して接頭辞に変容することがめずらしくありません。同様の例で「とっかかる」「とっ払う」の［とっ］は「取る」の連用形の促音便化されたもの、「おったてる」「おっ払う」の［おっ］は「追う」、「ひっ搔く」「ひっ立てる」の［ひっ］は「引く」といったそれぞれの動詞連用形の促音便化によってできた接頭辞です。

　この種の事例として他に「搔っ払う」の「搔く」、「つっ走る」の「突く」、「のっ取る」の「乗る」などがあります。またやや方言めいた言い方で「はっ倒す」がありますが、これは動詞「張る」の連用形の促音便化によってできた例です。

　促音便化されていない例として「たち戻る」「たち返る」「たち至る」の［たち～］があります。これは文字通りの「立つ」という動作を表わしているわけではありません。元の意味内容が希薄化（bleaching）されているわけです。このように日本語で動詞由来の接頭辞がよくみられることは興味深いことです。

発音の変化で意味が変わる

7

強勢（ストレス）の位置移動

　接辞の付与によってもとの語の発音（ここでは第一強勢の位置）が変わる場合と変わらない場合があります。fatherhood の［-hood］、heaviness の［-ness］は［基体＋接尾辞］、recollect の［re-］、dishonest の［dis-］は［接頭辞＋基体］の結合様式ですがいずれも接辞が付加されても、基体そのものがもつ第一強勢の位置に変化はありません。

　しかし接尾辞付与に際して journalese（新聞などの用法）の［-ese］、examinee（受験者）の［-ee］、接頭辞付与に際して bicycle（二輪車）の［bi-］、agriculture（農業）の［agri-］のようにもとの語のもつ第一強勢が接辞の方に移行する場合があります。ここでは第一強勢の位置が変わる場合の事例をいくつか以下に記しておきます。接辞項目に続く事例のペアの左側の基体となる語に置かれたストレスの位置と右側の語に置かれたストレスの位置変化に注意してください。

〈接尾辞〉

［-ate］：diplóma——díplomate　lícense——licéntiate

［-eer］：éngine——engínéer　móuntain——mountainéer

［-ence］：confér——cónference　evére——réverence

［-ian］：pólitic——politícian　músic——musícian

［-ity］：équal——equálity　májor——majórity

［-tion］：cálculate——calculátion　éxcute——excútion

〈接頭辞〉

[con(m)-]：prómise——cómpromise　póund——cómpound

[tel-]：scópe——télescope　vísion——télevision

[hemi-]：cýcle——hémicycle　sphére——hémisphere

[hypo-]：thésis——hypóthesis　cénter——hýpocenter

[in-]：fámous——ínfamous　fínite——ínfinite

[kilo-]：býte——kílobyte　méter——kilómeter

7-2

強勢が意味を変える

　接辞をもつある語に関して、その語の強勢の位置を変化させる
だけで意味や文法機能（品詞）を変える場合があります。強勢の
位置変化が接辞付与と同等の役割を果しているわけです。これ
を専門的にはゼロ派生といいますが、これには二種類あります。

　一つ目は第一強勢の位置の変化です。ここでは強勢の位置変化
が機能的に接辞付与と同じ役割を果たします。たとえば、強勢が
第一音節にくる ábsent は「不在の」を意味する形容詞ですが強
勢を第二音節に異動させた absént になると裁判や授業や集まり
などを「欠席させる」という他動詞が得られます。（「欠席する」
は absént oneself.）法廷で cónvict と強勢が第一音節に置かれた
場合は名詞でその意味は「受刑者、囚人」ですが、convíct と強
勢が第二音節に置かれた場合は動詞となって「有罪を宣告する」
の意味になります。また、óbject は名詞では「対象」「目的」で
すが、objéct は「反対する」を意味する動詞になります。このよ

うに英語では第一強勢の位置を替えることによって新しい意味の異なる造語が可能になるのです。他に次のようなペアとなる事例を記しておきます。

(1)　cóntest（競争、競技）──contést（争う、競争する）
　　　éxport（輸出）──expórt（輸出する）
　　　décrease（減少）──decréase（減少させる）
　　　íncrease（増加）──incréase（増やす／増える）
　　　présent（存在している／現在／贈り物）
　　　　　　　　　──presént（贈呈する、発表する）
　　　súbject（話題、支配下にある）──subjéct（服従させる）
　　　tránsfer（移転、譲渡）──transfér（転移する／させる）

　二つ目は綴りが同じでも発音上語の子音が有声・無声に分かれる場合です。たとえばexcuseのように発音の最後尾の子音が有声 [ikskjúːz] と無声 [ikskjúːs] に分化することによって品詞も意味も変わる場合があります。前者は動詞で最後尾の子音は有声の [-z] で意味は「許す、言い訳をする」です。後者は名詞で最後尾の子音は無声の [-s] で意味は「弁解、言い逃れ」になります。

7-3

同化と変異形

　ある語の発音に際して接頭辞の最後尾の音が次に続くもとの語の最前部の音に同化・吸収されてさまざまに変異する場合が少な

くありません。「共に」を表わす接頭辞［con-］が *conpany では
なく company になります。その理由は、この接頭辞の次に来る
もとの語の最前部が両唇音［p］なので接頭辞の最後尾は口硬蓋
音［n］をもつ（［con-］）ではなく両唇音の［m］をもつ（［com-
]）が来ることになります。これは音声の同化（assimilation）と
いう現象です。そして同義の接頭辞の変異体は［con-］［com-］
［cog-］［col-］［cor-］［co-］の 6 種類あり、それぞれ concord,
commerce, cognition, collect, correct, coordinate などの語にその
例をみることができます。ここでは次に来るもとの語の頭部の
音が両唇音の［p, b, m］の場合は［com-］となり、［n］の場合は
［cog-］となり、［l］の場合は［col-］、［r］の場合は［cor-］、［h, w, ŋ
および母音］の場合は［co-］、その他の場合は［con-］になります。
これは接頭辞の最後尾の子音ともとの語の最前部の子音または母
音との連結において発音する上でもっともスムーズとなる同化現
象がおこるからです。以下にこれをまとめて記しておきます。

(2)　a.　［con-］：concert（コンサート）　connect（関連させる）
　　　　　　　 congratulate（祝福する）

　　 b.　［com-］：combine（結合する）　common（共通の）
　　　　　　　 communicate（伝達する）

　　 c.　［cog-］：cognate（同族の）　cognition（認知）
　　　　　　　 cognomen（呼び名）

　　 d.　［col-］：collect（集める）　colleague（同僚）
　　　　　　　 college（（単科）大学）

　　 e.　［cor-］：correct（正す）　corrupt（堕落させる）
　　　　　　　 correlate（関連づける）

　　 f.　［co-］：cohere（首尾一貫させる）　coauthor（共著者）

同化と変異形

coordinate（同等の、調整する）

　この種の同化現象は他でも起こります。「方向（to, toward）」
の概念を表わす接頭辞［ad-］については、［c, f, g, l, n, p, r, s, t］の
前に来る場合それぞれ［ac-］［af-］［ag-］［al-］［an-］［ap-］［ar-］
［as-］［at-］などの変異体をもった次のような語が造られます。

(3)　a.　［ad-］：adjust（適合させる）　admire（敬服する）
　　　　　　　　admit（認める）
　　　b.　［ac-］：account（理由を説明する）　accuse（告発する）
　　　　　　　　acquire（獲得する）
　　　c.　［af-］：affect（影響する、装う）　affiliate（提携させる）
　　　　　　　　affirm（断言・肯定する）
　　　d.　［ag-］：agglutinate（接着させる）
　　　　　　　　aggravate（悪化させる）　aggregate（総計する）
　　　e.　［al-］：allocate（割り振る）　allot（分配する）
　　　　　　　　allude（仄めかす）
　　　f.　［an-］：annex（編入する）　annihilate（絶滅させる）
　　　　　　　　announce（公布する）
　　　g.　［ap-］：appear（現れる）　apposition（並置）
　　　　　　　　appoint（任命する、約束して決める）
　　　h.　［ar-］：arrange（配列する）　array（配列）
　　　　　　　　arrest（逮捕する）
　　　i.　［as-］：ascribe（〜のせいにする）　assert（主張する）
　　　　　　　　assign（割り当てる）
　　　j.　［at-］：attain（達成する）　attempt（試みる）
　　　　　　　　attend（世話する、出席する）

「外へ」の意味をもつラテン語系の接頭辞 [ex-] は expect, export, expose などの例がありますが、時に eject, emit, evolve のように [e-] だけでも出現します。[ex-] は発音上 [x] の部分が [/ks/] と発音されます。基体の頭部が [/p/] [/t/] [/k/] の無声破裂音や無声歯茎摩擦音の [/s/] や声門音 [/h/] ではなく、有声破裂音 [/d/] [/g/]、側音 [/l/]、通鼻音 [/m/]、有声摩擦音の [/v/] 歯擦音 [/dʒ/] の前では [e-] のみになります。これを次の事例で対比してみます。

(4)　a.　[ex-]：exceed（〜を超える）　exhale（吐き出す）
　　　　　　　　　expect（期待する）　extend（延長する）
　　　　　　　　　exclude（排除する）
　　　b.　[e-]：edict（発令）　egress（吐け口）　eject（放出する）
　　　　　　　　elude（回避する）　emit（出す）
　　　　　　　　evolve（進化させる）

　「否定」の概念を表わすラテン語系の接頭辞 [in-] については incredible, invisible, infinite などがありますが、もとの語の頭部の音に同化して以下のように [ig-] [il-] [im-] [ir-] などの変異体が現われます。

(5)　a.　[in-]：inability（無力）　inactive（不活発な）
　　　　　　　　inadequate（不適切な）
　　　b.　[ig-]：ignoble（不名誉な）　ignore（無視する）
　　　　　　　　ignominy（不面目な）
　　　c.　[il-]：illegal（不法な）　illiterate（無学の）
　　　　　　　　illogical（非論理的な）

d．［im-］：imbalance（不均衡な）　immortal（不死身の）
　　　　　　　　　impossible（不可能な）
　　e．［ir-］：irrational（不合理な）　irregular（不規則な）
　　　　　　　　　irresponsible（無責任な）

　［ob-］はラテン語由来の前置詞で「反対方向に」「前に」の意味をもっています。object, observe, obstacle などの例がありますが、この［b］の部分は次に来る基体の発音によって同化現象が生じ、［oc-］［of-］［op-］［o-］のような変異体をもった次のような語が造られます。

(6)　a．［ob-］：obscure（無名の、分かりにくい）
　　　　　　　　　observe（観察する）　obtain（得る）
　　　b．［oc-］：occlude　occupy（占める）　occur（起こる）
　　　c．［of-］：offend（攻撃する）　offer（提供する）
　　　d．［op-］：opponent（相手、敵）　opportunity（機会）
　　　　　　　　　oppose（反対する）
　　　e．［o-］：omit（省く）

　［sub-］はラテン語由来の前置詞で「下に」あるいは「副」「亜」の概念をもちます。たとえば submarine（潜水艦）、subconscious（意識下の）、submit（服従させる、提出する）などの例が浮かびます。もとの語もラテン語由来動詞です。そして［sub-］の部分は次に来るもとの語の発音と同化して［suc-］［suf-］［sug-］［sum-］［sup-］［sur-］［sus-］のような以下の変異体を造りだします。

(7) a. [sub-]：subject　suburb　subway

　　b. [suc-]：succeed　succor　succumb

　　c. [suf-]：suffer　suffix　suffuse

　　d. [sug-]：suggest

　　e. [sum-]：summary　summit　summon

　　f. [sup-]：support　suppose　suppress

　　h. [sur-]：surrender　surrogate　surround

　　i. [sus-]：suspect　suspend　sustain

接辞とオノマトペ

英語の場合

　オノマトペを簡潔に "echoes from nature"（自然からの反響音）と言ったのは言語学者 Matthews（1979）でした。これは「自然」の模倣として自然からの音や生き物の鳴き声が語彙化されたものです。次の例をみてください。

(8)　…, and doves **cooed** in the architecture overhead.

　　Dan Brown, *The Da Vinci Code*

　　（…、そして鳩たちは頭上の建物の中でクークー鳴いていた。）

　ここでは太字部分がオノマトペ由来の動詞です。自然の声や音を直截的に言葉で模写するかたちでできた語には crow（カラス）や cuckoo（カッコウ）がありますが、Matthews（1979）は bear

もそうだと言います。これは熊の“B_R_R”という唸り声を文字にして熊（bear）が造語されたというのです。

音節をもって自立した接辞ではありませんが、鼻の動きに関わって子音の［sn-］を使った語が多いのは偶然ではなさそうです。sniff（くんくん嗅ぐ）、sniffle（鼻をすする）、snoop（ひそかに嗅ぎまわる）、snooze（うたた寝する）、snore（いびきをかく）、snort（鼻息を荒立たせる）、sneeze（くしゃみをする）、snuff（鼻から吸い込む）などをみると［sn-］はオノマトペとして鼻の動きによって生じる音を多少とも想起させる語です。

［fl-］には軽く空中を飛ぶ感覚や滑らかな動きを連想させます。flap（はためく）、flash（ピカっと光る）、flip（指などではじく）、flicker（灯が明滅する）、flit（すいすい飛ぶ）、float（浮かぶ）、flop（ドスンと落とす）、flush（ぱっと赤くなる、トイレで水を流す）、flutter（羽ばたく）、fluent（滑らかな）、ちなみにflip-flopはサンダルなどのパタパタと鳴る音です。

［gl-］はglow（白熱して輝く）を造りますが、他にgleam（かすかに光る）、glimmer（ちらちら光る）、glint（きらきら光る）、glisten（濡れたようにピカピカ光る）、glitter（きらきら輝く）などがあり、それぞれに「光」や小さな「輝き」に関する語です。これらから［gl-］は「光」の擬態を示すオノマトペの一種と考えることができます。

同様に［wr-］は心なしかどこか波打って「くねったり、うねったり」する擬態を表わしています。レスリング（wrestling）はまさに身体の限界まで体をくねらしてたたかうスポーツです。このwrestle（格闘する）に加えてwrench（ねじる、もぎ取る）、wring（絞る）、wrinkle（皺、皺を寄せる）、wriggle（くねらせる）などの語は「くねり、うねり」を前提にした動作や物を表わしています。

三重子音になりますが［spl-］はどうでしょうか。何か水のようなものを噴出させているイメージが浮かばないでしょうか。やはり自然のある動きや状態を一瞬に捉えているようです。splash（ピシャッと撥ねる音）、splat（パシャッという音）、splatter（撥ねちらかす音）、splutter（早口で喋る）などがあります。

　Katamba (1994) は clump（ドシンドシンと歩く）、bump（ドスン）、lump（ドサッと座る）などに見られる［-ump］は語尾に来て「重い」感覚を表わすオノマトペと考えています。

　このように語感はつとめて感覚的なものですが、オノマトペとして語の中に入り込んでいることは造語を考える上で興味深いことです。

日本語の場合

　日本語の接辞のいくつかは実はオノマトペから来ていることはあまり気付かれていないようです。昔あった「ざら紙」「ざら半紙」「ざらめ」の接頭辞「ざら」は擬態語の「ザラザラ」を想起させます。雷や何かが転がっているときの音「ゴロゴロ」は「ごろ寝」「ごろつき」の接頭辞「ごろ」を生み、拡散を表わす擬態語の「バラバラ」は「ばら売り」「ばら撒く」「ばら寿司」などの「バラ」を造り出します。「キラキラ」の「キラ」は「キラ星」、「ピカピカ」の「ピカ」は「ピカドン」「ピカチュウ」などの語を造り出します。「ひやひや」することは冷たく感じることですから「ひや麦」「ひや酒」、果ては「ひや飯」まであります。

　「ほろ酔い」「ほろ苦い」の「ほろ」は「ほろほろ」と関係があります。そしてこれが促音便化されたのが「ほろっと」です。「ほろほろ泣く」も「ほろっと泣く」も可能ですが、前者は継続的ですが、後者は一時的であるという違いがあります。何か可哀そう

接辞とオノマトペ

な話を聞いて「ほろっとする」と言いますが、「ほろほろとする」とは言いません。さらにこの濁音、反濁音もそれぞれ「ボロボロ」「ポロポロ」となって自然なオノマトペになります。前者は「ボロ勝ち」「ボロ儲け」などの語を造ります。

　「かん高い」声というときの接頭辞「かん」は漢字では「甲」ですがこれは音の高さを含意しています。おそらく感覚的にたとえば半鐘の鳴る擬音語「かんかん」に繋がっていると思われます。ここで日本語のオノマトペから造られている接頭辞のいくつかを以下にまとめておきます。

(9)　「ざらざら」：ざら紙　ざら半紙　ざらめ
　　　「ごろごろ」：ごろ寝　ごろつき
　　　「ばらばら」：ばら売り　ばら寿司　ばら撒く
　　　「きらきら」：きら星　きら衣
　　　「ぴかぴか」：ぴかチュー　ぴか一
　　　「ひやひや」：ひや酒　ひや飯
　　　「ほろほろ」：ほろ苦い　ほろ酔い
　　　「ぼろぼろ」：ぼろ勝ち（負け）　ぼろ儲け
　　　「うらうら」：うら淋しい　うら悲しい

　ここで日本語の場合、接頭辞はオノマトペの語頭部が短縮されて形成されることが多いことが推測されます。日差しのやわらかさを表わす擬態語「うらうら」は「うら悲しい」「うら淋しい」という語を造ります。万葉集19巻末に大伴宿禰家持の

(10)　うらうらに照れる春日に雲雀あがり情悲しもひとりし思へば

という和歌のあることを記しておきます。

文法化

語の文法的な役割や意味の変質

　語を豊かにする方策は必ずしも異なった語形式が増えていくことだけではありません。同じ語でもメタファー、メトニミーなどの比喩表現として意味が拡張される場合もあります。そしてこの章でみるように、Traugott et al.（1991）や Heine et al.（1991）らが文法化（grammaticalization）と称してある語の意味内容が時を経て希薄化し、文法的な役割や機能が変質していく場合があります。

　たとえば日本語で「時は金なり」という諺がありますが、この場合の「時」は名詞で文法的には主語です。しかし「鶯が鳴く時、春を想います。」と言った場合の「時」は文法的には接続助詞です。同じ「時」にもかかわらず、名詞が接続助詞に機能変化を起こし、しかも両機能は共存しています。「ところ」も同様です。「彼が住んでいるところは川の畔です」の「ところ」は場所を表わす名詞です。しかし「学校に行ってみたところ、休講だった。」の「ところ」は接続助詞です。

　接辞については「通り」が考えられます。「この通りは寂しくなったね。」の「通り」は名詞ですが、「規則通り」「予想通り」「練習通り」などの「通り」は接尾辞に近いものに変質しています。

　英語では［be going to］は動詞の"go"を用いながらも本来の「行く」の動作性は希薄になり、時間的に「前方へ」の中核的かつ抽象的な概念だけが残り「近接未来」といわれる様態を表わす助動詞の機能に変質しています。また"moment"や"instant"はこれ自体では品詞としては名詞で「瞬間」を意味しますが、

"the moment（that）〜"、"the instant（that）〜"の構文では「as soon as 〜（〜するや否や）」を意味する接続詞に変質します。

　上記日本語や英語のいくつかの例のように語の文法化現象は言語による人間思考のダイナミズムを証明してくれています。次に英語の文法化による接辞形成をみていきます。

8-2

［-wise］の場合

　「時計回りに」を表わす clockwise の語尾［-wise］は 17 世紀には manner, way の意味で独立した名詞として用いられていました。実際 1611 年刊行の欽定訳聖書（*Authorized King James Version*）のマタイ伝第一章 18 節には

(1)　Now the birth of Jesus Christ was on this **wise**.
　　（イエス・キリストの誕生はこのような次第であった。）

とあります。しかし現代ではこのような用法はほとんどありません。現代の辞書では古語として in no wise（決して〜ない）、in this wise（このように）と例示されているばかりです。しかしこの元の意味と機能は完全に消えたわけではなく文法化といわれる現象によって接尾辞として生き残りました。次の例をみて下さい。

(2)　"Turn the latch **clockwise**." Gil says.
　　I.Caldwell & D. Thomason, *The Rule of Four*

（「止金を時計回りに回せ」とジルは言う。）

　ここで大切なことは、かつて名詞だった wise が時を経て元の意味が希薄になりながらも機能性の高い接尾辞 [-wise] に変容して生き残っているという事実です。この例は他にも以下の例にみられます。

(3)　crabwise（横ばいで）
　　　crosswise（横切って）
　　　edgewise（縁に沿って）
　　　lengthwise（縦長に）
　　　slantwise（斜めに）

　ここで [-wise] の発音に注目すると /wáiz/ ですが、これは [-ways] と同等の意味です。事実 (2) に例示した lengthwise は同時に lengthways とも綴られます。ここで [-wise]／[-ways] の共存関係をみることができます。事実 edgeways, crossways, slantways は語尾が [-wise] の場合と同義で共存しています。

8-3

[-ment] の場合

　mental（精神的な）や mentor（助言者）や mention（言及する）のもとの語である [ment] は元来「精神、こころ」を表わすラテン語でした。英語はこの語に動作、状態、結果などの意

味を担って動詞から名詞を形成する接尾辞の機能を負わせました。動詞の agree（賛同する）は agreement（同意、協定）になり、govern（治める）は government となり統治機構としての「政府、統治」となりました。このように精神（mind）を表わす mind のラテン語の斜格（ablative case）である *mente* が文法化によって古フランス語を経て接尾辞という新たな機能を担うことになったのです。そしてできあがった名詞［X-ment］は必ずしもつねに抽象・不可算名詞とは限らず、具体性をもった可算名詞の場合もあります。Quirk et al.（1985）は［-ment］の使われ方の微妙な特徴に触れて equipment は具体的ではあるが、不可算名詞であり、management は抽象、不可算名詞であると同時に具体的な可算名詞にもなることを指摘しています。

　以下にいくつかの例を記しておきます。

(4)　argument（議論、主張）
　　　department（部門）
　　　movement（動き、運動）
　　　development（発達、現像）
　　　employment（雇用）
　　　improvement（改善、進歩）
　　　punishment（罰すること）
　　　requirement（必須）
　　　replacement（代替）
　　　settlement（決着、入植）

［-able］の場合

近接の未来を表わす ［be able to］ の構文でよく知られた ［able］
は 1 つの自立した語ですが、readable においては「判読できる」
「読み込める」の意味をもつ形容詞形成の接尾辞（［X-able］）と
なります。そしてこれはアングロ・サクソン語系です。他にも
believable（信じられる）、changeable（変化可能な）、listenable
（聞き取れる）など生産性はすこぶる高い接尾辞です。しかしす
べての動詞が ［able］、を接尾辞として取れるわけではありません。
たとえば die, resemble, have のような動詞は能力（ability）を含意
する概念とは相入れず、［-able］のもとの語とはなりません。（cf.
*dieable, *resemblable, *havable）これらの基体は持続的な状態を
表わす状態動詞で話者の意思の入る余地のないタイプの動詞だか
らです。

［X-able］は可能性を表わす形容詞形成の接尾辞としてすでに
15 世紀のチョーサー時代には用いられていましたが、ここでもと
の語となる動詞は何らかの可能性・能力を示唆する語であるこ
とが必要です。そのためにはもとの語は何らかの話者の意図・
意志を含意する（volitional）語であること、したがって自己制
御の可能性（self-controlability）が担保されていることが必要
です。たとえば、readable は「（楽しく）読める、読み込める」、
movable は「動かせる」という意味になります。

さらに、marriage, knowledge, service などは marry, know, serve
などの動詞の意味を含意する名詞ですが、この種の名詞に ［-able］
を付与して marriageable（年ごろの）、knowledgeable（知力のあ

る）、serviceable（重宝な）などの語を派生させることが可能です。

　fashion は style や mode など流行に関わって人々の注意を引き付けるものです。これに接尾辞（[-able]）が付与された fashionable は時代の最先端の様式・流儀を髣髴（ほうふつ）とさせます。同様に pleasure な状態の持続を可能なものと考える pleasurable は次のような例で示されています。

(5)　All is unspeakably **pleasurable** and new.
　　　Lafcadio Hearn, *Glimpses of Unfamiliar Japan*
　　　（すべては言葉にならないほど楽しくて新しい。）

8-5

[-like] と [-ly] の場合

　[like] は古英語時代は *lice* でした。AHD⁴ によると、これはチョーサーの時代には like となり「接続詞」として用いられていました。意味は直喩の類同性（「～のように／な」）を表わします。これは一方で前置詞の機能をもって like a child（子供のように）、like a ghost（幽霊のように）のような前置詞句を造りますが、他方で接尾辞 [-like] となって名詞の後ろに来て機能変化を起こし、childlike（子どものような）、soldierlike（兵士のような）のような新たな形容詞を造ります。これは元々以下の例にみるように生産性の高いものです。

(6)　businesslike（テキパキとした）

chameleonlike（無節操な）

clocklike（時計のように正確な）

ladylike（淑女のような）

manlike（人に似た、男らしい）

machinelike（機械のような）

vowel-like（母音に似た）

warlike（好戦的な）

workmanlike（職人らしい）

以下は具体的な例文です。

(7) He had seemed **shermanlike** then, and his original judgment
was correct.　　Robert J. Waller, *The Bridge of Madison County*
（彼はその時シャーマンのようであった、そしてその独自な
審判は正しかった。）

　次に名詞の後ろに来る［-ly］は上記の［-like］と同根の接尾
辞です。古英語の［-līċe］は中英語では接尾辞［-li］となり、こ
れが［-ly］に変化したものです。基本的にここでも類同性の意
味特徴を継承しています。以下にその例を記しておきます。

(8)　beastly（獣のような、野蛮な）

earthly（地上の）

fatherly（父親らしい）

friendly（友好的な）

gentlemanly（紳士的な）

ghostly（霊的な）

godly（信心深い）

housewifely（主婦らしい）

kingly（堂々とした）

leisurely（ゆったりとした）

　なお形容詞や動詞の分詞形から副詞をつくる接尾辞［-ly］は形式的に古英語の接尾辞［-liċe］から中英語の［-li］に変化した点は同じですが、意味的に「～のように」という副詞的な様式（manner）を表わす接尾辞となったものです。

［-bound］、［-proof］、［-worthy］の場合

　接尾辞［-bound］には２つのルーツがあります。１つはfog-bound（霧に閉ざされた）、ice-bound（氷に閉ざされた）のように「～に閉ざされた」を意味するものと、south-bound（南に向う）、west-bound（西行きの）のように「～に向かう、～行きの」を意味するものです。

　前者の場合はもとの語に「義務的に拘束された」の概念が含まれ、その形式は中英語の *binden*（bind）の過去分詞形の bound で、これが文法化によって接尾辞に機能変化を起こしたのです。大学（college）に行く目標に向かって努力している学生は college-bound、義務（duty）に駆られている人は duty-bound ということになります。これには次のような例があります。

(9) They talked at night or when they were **storm-bound** by bad
 weather.　　Earnest Hemingway, *The Old Man and The Sea*
（彼らが言葉を交わしたのは夜か、そうでなければ悪天候で
嵐に閉じ込められていた時であった。）

　後者の場合は、もとの語に方角を示す語が来て「〜に向かう」
の意味を表わします。たとえば「東京行きの新幹線」は "a bul-
let-train bound for Tokyo" です。ここで "bound for 〜" は「〜行
きの」を表わす慣用句ですが、この bound のルーツは北欧の古
ノルド語で「ready：準備（用意）ができている」を表わす *boun*
です。これは列車、船舶などの乗り物の行き先を示す言い方とし
て一般です。"an east-bound freight" は「東方面に向かう貨物列
車」のこと、"a Mars-bound space-ship" は「火星に向かう宇宙船」
のことです。かつて夏目漱石を顕彰する熊本市主催の『草枕』国
際俳句大会で特選に入った句に

(10) Southbound birds the loop of identity
（南帰行の鳥たちアイデンティティの輪を天に描いて）

という作品がありましたが、ここでの［-bound］も同類のもの
です。
　次に［proof］は名詞では「証拠」「証明」ですが、形容詞で
は「〜に耐えられる」「〜に負けない」の意味です。そして後者
の形容詞の意味が語尾に来ると接辞の機能をもつに至ります。た
とえば "The suit is proof against damage from rain."（そのスーツ
は雨に濡れても大丈夫（防水）です。）という英文では proof は
自立した形容詞でここでは「防水である」ことを意味していま

す。これが文法化によって語彙構成要素の一部として接辞化されると rain-proof ができます。他に dust-proof（防塵性の）、fire-proof（耐火性の）、fool-proof（誰でも間違える筈のないほど簡単な）、heatproof（耐熱性の）などがこの例です。次のような「防弾」を表す例を記しておきます。

(11) Beneath them, the **bullet-proof** tires hummed on smooth pavement.　　Dan Brown, *The Da Vinci Code*
（その下で、防弾タイヤがぶんぶん唸るような音を立てて平坦な車道を走っていた。）

　[-worthy] は本来の英語の *weorth*（worth）が形容詞形成の接尾辞 [-y] の付与によって形容詞化されて独立した語で、「価値／値打ちのある」を意味します。ところがこれが接尾辞となると「～に（十分）値する、～に相応しい」を意味する語を造ります。たとえば noteworthy（注目すべき）、praiseworthy（称讃に値する）、prizeworthy（受賞に値する）、trustworthy（信頼に値する）などの例が浮かびます。ひとつの事例を以下に記しておきます。

(12) Among **noteworthy** kinds may be mentioned the *Utai* mostly composed by high priests.　　Lafcadio Hearn, *In Japanese Folk-Song*
（「謡」の中ですぐれたものはたいてい高僧がつくったものだろうと言われている。）

接辞を辞書で調べてみること

9

接辞付与の多面性

　冒頭の章でも述べましたが、言語はひとつのシンボル体系であり、複雑です。第1章第3節でみたように言語の発音、語形成、構文、語源、コミュニケーションの場における話し手／聞き手の認知（推論）のプロセスなどさまざまな領域が相互に関係しています。

　語は文や句よりも小さい単位と思われがちですが。すでに5-8 (23a) で触れたように、接辞が句を包含する場合があります。たとえば、out-of-towner（よそ者）は前置詞句 [out-of-town] を「人」を表わす接尾辞 [-er] が括って造語しています。ここでは接辞が文の単位である句を包含し、語形成による新しい認知領域の拡張を実現しています。同様に「無一文の、落ちぶれた人」を表わす down-and-outer は [down-and-out] から派生した語です。これらの語は慣用化されれば辞書項目として記載されることになります。

　言語は認識の重要な手段です。認識は認識主体が認識客体を如何に把握しているかを明示します。その際重要なはたらきをするものがシンボルとしての言語です。言語は語によって句を造り、さらに句によって文を造り、それぞれの過程は一定のルールや原理に従っています。さらに文と別の文を組み合わせて話し言葉であれば発話、書き言葉であれば文章を作成します。その際語、句、文のそれぞれが指示する内容が音声や文字を媒介にして表出されるわけです。

　語の場合、これを構成するもとの語はこれを拡張する接辞を得

て派生語ができますが、接辞は付与されない場合もあります。その過程でもとの語の文法的機能や意味が変化します。この間の事情を語の慣用化の度合いが大きくなれば辞書に記載されるようになります。卑近な例では具象名詞 friend が形容詞 friendly になり抽象名詞 friendliness に拡張されていく過程があります。ここでは具象名詞 friend と抽象名詞 friendliness とは対照的な差異が生じ、〈具象名詞―形容詞―抽象名詞〉という認識と機能の変容がみられます。unfriendliness の場合は属性を表わす形容詞（friendly）に否定の接頭辞［un-］の付与によって否定され（unfriendly）、さらにこれが［-ness］の付与によって抽象名詞化されている事例です。これもまた話者の認知領域の拡張の一例にほかなりません。

9-2

英語に同義語が多い理由

　英語は純粋な単一言語ではなく、古代ギリシャ語、ラテン語、往古のケルト語、Viking たちの古ノルド語、ノルマンディのフランス語などと接触・衝突・混淆を繰り返し、幾多の外来語と複雑に絡んで長い時間（歴史）のなかで発音、綴り、そして語の意味や文法機能の変容を受けて今日に至っています。そしてこれらは旧来からの英語に入って変容、同化された結果として新たな英語語彙になっていきました。

　このような背景においてもとの語であれ接辞であれ、それぞれのいわれ（語源）が語に刻印されています。旧来の英語はアング

ロ・サクソン語系ですが、そこにさまざまな外来語が大量に入り込み、その結果として同義語が多く存在するようになりました。その際同義であってもかつて文化程度の高かったラテン語系、古代ギリシャ語系の語の方がアングロ・サクソン系よりも格調の高い語として使い分けられ、旧来語と新来語との共存関係が持続されることになります。同義語、反意語、関連語などの辞典であるシソーラス（*Thesaurus*）にはこれらの事例が詳しく記載されています。

　たとえば、freedom/liberty, buy/purchase, deep/profound はそれぞれ「自由」「買う」「深い」の意味をもつ名詞、動詞、形容詞のアングロ・サクソン語系とラテン語系の同義語のペアです。ただし同義語とはいえ、同じ文脈で互いに置き換えることはできません。それぞれのニュアンスが異なるからです。接辞の場合であれば同じく「半分」の意味をもつ [half-] ／ [semi-] ／ [hemi-] はそれぞれアングロ・サクソン語系、ラテン語系、ギリシャ語系です。ここで halfway（中間で）、semiconductor（半導体）、hemisphere（半球）の例において *semiway, *half-conductor, *semisphere などの語は適切ではありません。接辞と基体の由来が異なるからです。

　このように英語は旧来から単一で純粋に継承されてきている言語ではなく、種々の外来言語との混淆の結果としてできあがってきた言語です。その分発音、造語、構文などの変容が余儀なくされてきています。ここで接辞とそれが依拠するもとの語との結合関係においては基本的に同一語源結語の原理がはたらいていることは留意しておかなければなりません。

ギリシャ語、ラテン語の接辞への変化

英語の接辞はすでに古英語にも存在しており、外来のギリシャ語、ラテン語系のものは1066年のノルマン・コンケスト後にノルマンディ地方のフランス語との言語接触（language contact）によって旧来のアングロ・サクソン語系の英語の中に急激に入りましたが、その後新しい概念に対して新しい語を造るという新たな必要性に対応するために外来の語を接辞に機能変化させて多くの造語を果しました。

ギリシャ語の名詞からはたとえば「水」を表わす*húdōr*は接辞［hydro-］として hydrangea（紫陽花）、hydrocarbon（炭化水素）、hydrofoil（水中翼船）、hydrogen（水素）などの語が造られ、接辞への機能変化が起こっています。「血液」を表す*haima*は接辞［hemo-/haemo-］として機能変化を起こし、医学・生理学の用語で hematology（血液学）、hemocyanin（ヘモシアニン）、hemoglobin（ヘモグロビン）、hemophilia（血友病）などの用語を生み出しました。ラテン語系では「母」を表す*māter*から接辞［matri-］が造り出され、matriarchy（母権制）、matricide（母殺し）、matrilineage（母系）などが生み出されました。また「光線」を表す*radius*から接辞［radio-］が造られ、radioactive（放射性の）、radiotherapy（放射線療法）、radiophobia（放射能恐怖症）などの語を造り出しました。

動詞の場合ではギリシャ語、ラテン語とも文法化による変容を受けて接辞になったものがあります。ギリシャ語で「隠す（hide）」を意味する*krúptein*は接辞の［crypt-］として cryptanalysis（暗

号解読）、crypt-Christian（隠れクリスチャン）cryptograph（暗号文）を生み出しています。ラテン語の動詞で「聴く（hear）」の意味を表わす *audīre* からは接頭辞［audio-］が造り出され、audiology（聴能学）、audiometer（聴力計）、auditorium（講堂）などの語が生み出され、「耳」や「聴くこと」に関する語となっています。

　形容詞が接辞になった事例はギリシャ語には比較的多くみられます。*megas* は元は「大きな（great）」の意味ですがこれがコンピューターの記憶容量の値を表わす megabyte、巨石遺跡を表わす megalith、さらに声を大きくする megaphone（メガホン）などがあります。また「同じ（same）」を意味する *homós* からは homogamy（同類交配）、homogeneous（同種、同質の）、homonym（同音異義語）などが造られています。

　ラテン語では「等しい（equal）」を表す形容詞 *aequus* が接辞［equi-］と変容されて equidistance（等距離）、equilateral（等辺の）、equinox（春（秋）分、昼夜平分時）、equilibrium（平衡）という語を造り出します。また「悪い（bad, ill）」を表わす形容詞 *malus* が接辞［mal-］に変容して malevolence（悪意）、malfunction（機能不全）、maltreatment（虐待）などの語を造り、「全ての（all）」を表わす *omnis* が接辞［omni-］の形に変容されて omnibus（乗合バス、総括的な）、omnipotence（全能）、omniscience（全知）などの語が造られます。

　前置詞／副詞から英語の接辞に変容されたものは学術用語や教会用語に多くみられます。たとえば［cata-］（down, thoroughly）は catacomb（地下礼拝堂）、catalogue（目録）、catalysis（触媒）、catastrophe（破局）などがあります。以下にこの種の他の事例を示しておきます。

(1)　[amphi-]：⟨*amphi*⟩（on both sides）

　　　[ana-]：⟨*on*⟩（bakward）

　　　[anti-]：⟨*anti*⟩（against）

　　　[apo-]：⟨*apo*⟩（away, from, off⟩）

　　　[dia-]：⟨*dia*⟩（through）

　　　[epi-]：⟨*epi*⟩（afterward, over）

　　　[hyper-]：⟨*huper*⟩（over, beyond）

　　　[para-]：⟨*para*⟩（beside）

　　　[peri-]：⟨*peri*⟩（around）

　　　[pro-]：⟨*pro*⟩（before）

　　　[syn(m)-]：⟨*sun*⟩（with, together）

　　　　　　　　　（⟨　⟩内の斜体は元のギリシャ語）

　次に abnormal（異常な）、abuse（虐待（する））、abduct（拉致する）の接辞［ab-］は元々ラテン語の「離れること、外れること」を意味する前置詞 ab（away, from, off）でした。また admit（容認する）、adjust（適合させる）、advocate（主張する）の接辞［ad-］は「〜へ（to)」を意味するラテン語の前置詞 *ad* でした。他の例はすでに 3-3（2）でみたところです。

　なおラテン語由来の接辞［quasi-］は日本語では「擬」または「偽」の意味を担っていますが、元来は as if（恰も〜である）の意味をもつ接続詞／副詞の *quasi* でした。かつてラテン語で接続詞／副詞であった語が接辞に変容された事例としてここに記しておきます。

基体を辞書に記載することの有益性

　次に辞書におけるラテン語由来の基体を辞書に記載することの有益性について述べます。以下の事例をみて下さい。

(2)　manacle（手錠）
　　　manage（何とかやりくりする）
　　　manner（手身近な作法）
　　　manual（手の、手引書）
　　　maneuver（作戦行動）
　　　manicure（手や爪の手入れ〈マニキュア〉）
　　　manipulate（操作する）
　　　manufacture（製造（する））
　　　manuscript（手書き原稿）

　これらの語はすべてラテン語の「手 (hand)」を意味する [-man-] を基体にしてできています。したがってこれらの語は多少とも「手」に関わって意味拡張されたものです。しかし [-man-] を造語上の一要素として記載している辞書は多くはありません。ただし *Random House Webster's Dictionary of American English*（1997）では次のように記載されています。

(3)　[-man-]：root. -man- comes from Latin, where it has the
　　　　　　　meaning "hand."（[-man-]：語源、-man- はラテン語由来で「手」という意味がある）

ここでは一歩踏み込んでやや詳しく基体を辞書項目として記載されています。他に AHD[4] で manage, manual, manufacture などの語の辞書記述に際して最後尾にある語源説明の箇所で［-man-］は "from Latin *manus*, hand" あるいは "Latin *manūs*, ablative of manus, hand"（ラテン語で *manūs*、*manus*（hand）の斜格）とあります。

　すでにラテン語由来動詞の基体について触れましたが、（3-3参照）ここで触れた［-dict-］（say, speak）、［-fer-］（bring, carry）、［-ject-］（throw）、［-mit-］（send）、［-quire-］（seek）、［-scribe-］（write）、［-volve-］（roll, turn）などは上記の［-man-］と同様その中核的な意味が分かれば派生された語彙の意味がより容易に分かるようになると思われます。

9-5

語源を辞書に記載すること

　英語教育の現場で語彙の獲得は重要です。語彙獲得では「暗記」が一般ですが、ここでは理由付けによる説明がほとんどありません。語彙という「知」が定着するにはそれなりの適切な説明が必要なのです。

　納得は知的好奇心の充足からきます。人は Why—Because の「知」の連鎖においてはじめて「あ〜そうだったのか」と納得することができます。その積み上げのなかで知は蓄積されていきます。ある語の理解にはそのいわれを知ることが大切です。大脳皮質内に記憶として語を定着させるためには機械的な暗記よりもい

われを知ることの方が有効です。

　たとえば英語の曜日の言い方は身近ですがなかなか覚えにくいものです。Sunday, Monday はそれぞれのもとの語から「太陽」や「月」に関わることは容易に推定できます。しかし Tuesday の基体は北欧チュートン族のゲルマン神話の軍神 *Tiw*、Wednesday は英知の神 *Woden*、Thursday は雷神 *Thor*、Friday は美の女神 *Frigg* に由来しており、Saturday はローマ神話の農耕の神 *Saturn* に由来していることを知ったとき英語語彙の背後にある奥行きの深さを感じます。語にはそれぞれの歴史的、文化的、あるいは神話的な謂れがあるからです。

　鉄腕アトムの「アトム」は atom ですが、これはギリシャ語で「分割する」「切る」を意味する基体 [-*tom*-] に「否定」を表わすギリシャ語接頭辞 [*a*-] が付与されて「もうこれ以上分割できないもの」となり、これが「原子」になることが分かったときは「あ〜そうだったのか」と腑に落ちたものでした。そして他の anatomy（解剖）、dichotomy（二分法）の語の中にもこの [-*tom*-] が入っていることに思い至ります。

　英語教育においては辞書の活用は不可欠です。実際には見出し語の綴り、音節、発音記号、品詞（文法的カテゴリー）、語の意味、イディオムなどが順序正しく記載されていますが、辞書作成に当たっては語のいわれ（語源）のエッセンスが適切に記載されておれば英語学習への好奇心が喚起され、語についての「知」の定着がより効果的に行われるようになるにちがいありません。

あとがき

　英語学習において接辞（affix）について理解しておくことは有益なことです。従来英語教育の実践の場や辞書記載において接辞の取り扱いはどちらかと云えば希薄でした。しかし接辞は語の文法機能（品詞）や意味内容を変容し人間の思考（認知）の領域を拡張してくれます。接辞のことを知ることによって造語過程の理解がより深まるに違いありません。

　本書では英語の接辞に焦点を当て、その役割、メカニズム、歴史（語源）的背景やいわれについて述べました。語形成において、接辞は小さいながらも大きな力をもつ魅力的な存在なのです。

　第1章では本書の背景知識として接辞とはどんなものかについて述べました。言語はシンボルであり、複雑系の一種として発音、語形成、構文、意味などそれぞれの部門があり、それぞれ双方向的な相関関係をもっています。語形成は人間の認知過程に深く関わり、接辞付与によって人間の認知領域を豊かに拡張してくれます。ここではこのメカニズムをヴェクトル構造として図式化してみました。

　第2章では英語を学ぶ上でその仕組み（構造）とともに歴史的な背景を知ることの重要性について述べました。接辞付与による造語過程の根底には基本的に「同一語源結合の原則」が存在しています。英語は歴史的に旧来の英語と外来の言語との接触（衝突）・混淆によって大きな変容を受けてきました。旧来のアング

ロ・サクソン語系の語は同系統言語の接辞とは整合性をもちますが、外来のギリシャ語やラテン語由来の接辞との結合には違和感のある場合が多いです。

　ここでは既存語から新造語が造られる造語過程のダイナミズムについて触れ、複数個の接辞が組み合わされる複合派生語では接辞付与の過程では順序性の制約がはたらいていることを指摘しました。

　第3章では英語の語形成要素には基本的に自立語（LF: Lexical Form）、連結語（CF: Combining Form）、接辞（AF: Affix）の三種類があり、それぞれが絶妙に組み合わされています。このことを語形成の円形モデルを使って抱括的に表示いたしました。

　第4章では英語の造語の特徴としてまず「語」と「文」の基本的な相違について述べ、語彙化現象、名祖に依る語形成、その他混淆、省略、逆成、頭字法などの語形成の工夫について述べ、さらにギリシャ神話に登場する神々に因んで造語されている事例について述べました。

　第5章では英語の接辞の活用例として「数詞」、「指小辞」、「否定接辞」、「医学用語の接辞」、「人名の接辞」、「地名の接辞」など接辞付与による複雑な語の形成において接辞がいかに巧みにはたらいているかを詳細にみていきました。

　第6章は日本語の接辞の話です。和語、漢語それぞれの接頭辞

と接尾辞、敬称の接辞、動詞由来の接頭辞、形容詞を強調する接頭辞など、その方略は豊かで、ここでは日英両言語の語形成過程の比較を試みてみました。

第7章では英語の語形成過程における接辞と発音との関係について述べました。語の発音における強勢（ストレス）の位置移動とゼロ派生、接辞と発音の同化現象（assimmilation）と変異体（variables）、日英それぞれのオノマトペ（onomatopoeia）による造語は興味深いものです。

第8章では英語の歴史的な変化に基づく文法化現象（grammaticalization）について述べました。かつて文中で自立語であった語が時間の経過の中で接辞化した事例の説明です。

第9章は辞書における接辞記述について述べています。筆者は辞書における接辞記述は豊かなものであって欲しいと願う者です。これは英語学習上の知的好奇心を喚起する上で有効だからです。接辞付与による語形成上のメカニズムやもとの語と接辞の結合上の原則、さらに語句の意味的・語源的な謂れが分かれば英語学習がきっと面白くなるに違いありません。

英語の語や文の構造について知ることは大切です。同時に歴史的、語源的側面について理解しておくこともまた大切です。ここに接辞学の重要性が芽生えてきます。本書ではコミュニケーションの場における話し手と聞き手の認知論的な側面を考慮して英語

という複雑系の中身を接辞研究の視点から少しでも明らかにした
いと思いました。本書が英語研究、英語教育の場において少しで
も役に立つことがあればこんなうれしいことはありません。

参考文献

Adams, Valerie | 1973 | *An Introduction to Modern English* Word-formation | London: Longman

Aronoff, Mark | 1976 | *Word Formation in Generative Grammar* | Cambridge, Mass: The MIT Press

Aronoff, Mark and Kirsten Fudeman | 2005 | *What is Morphology* | Oxford: Blackwell

Bauer, Laurie | 1983 | *English Word-formation* | Cambridge: Cambridge University Press

Booij, Geert | 2005 | *The Grammar of Words* | Oxford: Oxford University Press

Bradley, Henry | 1970 | *The Making of English* | Revised by Smeon Potter | London: MacMillan

チェンバレン、バジル H. | 山口栄鉄 編訳 | 1975 | 『日琉語比較文典』| 琉球文化社

Denning, Keith and William R. Leben | 1995 | *English Vocabulary Elements* | Oxford: Oxford University Press

Heine. Bernd, Ulrike Claudi and Friederike Hünnemeyer | 1991 | *Grammaticalization:A Conceptual Framework* | Chicago and London: Chicago: University of Chicago Press

Hopper Paul, J. and Elizabeth C. Traugott | 1993 | *Grammaticalization* | Cambridge: Cambridge University Press

磯崎聡子 | 2011 |「能動　–ee 語の出現と発達」『言葉の事実をみつめて』| 佐藤響子他 編 | 56–67 | 開拓社

伊藤たかね、杉岡洋子 | 2002 |『語の仕組みと語形成』| 研究社

Jespersen, Otto | 1920 | *Language* | London: George Allen & Unwin.

影山太郎 | 2001 | 『日英対照　動詞の意味と構文』| 大修館書店

Katamba, Francis | 1993 | *Morphology* | London: MacMillan

Katamba, Francis | 1994 | *English Words* | London and New York: Routridge

小西友七 | 1981 | 『アメリカ英語の語法』| 研究社

近藤健二、藤原保明 | 1993 | 『古英語の初歩』| 荒木一雄 監 | 英潮社

Lieber, Rochell | 1998 | "The Suffix –ize in English: Implications for Morphology" in *Morphology and Its Relation to Phonology and Syntax*, | ed. by S. G. Lapointe et al. | Stanford: CSLI Publications

Marchand, H. | 1969 | *The Categories and Types of Present-Day English Word Formation*, 2nd ed | Munich: Beck

Matthews, Constance M. | 1979 | *Words Words Words* | New York: Charles Scriber's Sons

南出康世 | 1998 | 『英語の辞書と辞書学』| 大修館書店

中島文雄 | 1951 | 『英語発達史』（岩波全書 143）| 岩波書店

竝木康崇 | 1982 | 『語形成』（新英文法選書 2）| 大修館書店

成田義光、長谷川存古、小谷晋一郎 | 1981 | 『発音、綴り、語形成』| 研究社

Nishikawa, Morio | 1997 | "Morphologization and Combining Form" in *Memoirs of the Faculty of Education, Kumamoto University*, vol. 46 | 207–223

Nishikawa, Morio | 1999 | "On X-ize Construction in English" in *Memoirs of the Faculty of Education, Kumamoto University*, vol. 48 | 113–132

Nishikawa, Morio | 2001 | "Affix and Combining Form" in *Memoirs of the Faculty of Education, Kumamoto University*, vol. 50 | 55–67

Nishikawa, Morio | 2004 | "Some Aspects of Productivity in Affixation" in *Memoirs of the Faculty of Education, Kumamoto University*, vol. 53 | 9–20

西川盛雄 | 1998 | 「接尾辞形成と文法化現象」『現代英語の語法と文法』小西友七先生傘寿記念論文集 | 大修館書店

西川盛雄 | 2000 | 「形態論と語用論」『熊本大学教育学部紀要人文科学編』49号 | 269–283

西川盛雄｜2004｜「接辞形成のストラテジー」『言葉のからくり』河上誓作教授退官記念論文集｜英宝社

西川盛雄｜2005｜「接辞と連結辞の辞書記述について」『熊本大学教育学部紀要人文科学編』54 号｜53–65

西川盛雄｜2006｜『英語接辞研究』｜開拓社

Plag, Ingo｜2003｜*Word-Formation in English*｜Cambridge: Cambridge University Press

Quirk, Randolph et. al.｜1985｜*A Comprehensive Grammar of the English Language*｜London: Longman

李御寧｜2007｜『「縮み」志向の日本人』｜講談社学術文庫

Schneider, Klaus P.｜2003｜*Diminutives in English*｜Tübingen: Niemeyer

シェーラー、マンフレート｜1982｜『英語語彙の歴史と創造』｜大泉昭夫訳｜南雲堂

司馬遼太郎｜1993｜『街道をゆく：愛蘭土紀行 I』｜朝日新聞社

Siegel, Dorothy｜1974｜*Topics in English Morphology*｜New York: Garland

Skeat, Walter W.｜1980｜*Etymological Dictionary of the English Language*, The Eighth Impression｜New York: A Perigee Book

Sperber, Dan and Reidre Wilson｜1995｜*Relevance —Communication and Cognition—*, 2nd edn｜Oxford: Blackwell

寺澤芳雄、竹林滋 編｜1998｜『英語語彙の諸相』｜研究社

Traugott, Elizabeth, Bernd Heine (eds.)｜1991｜*Approaches to Grammaticalization*｜Vol.1｜Amsterdam: John Benjamins

西川盛雄（にしかわ・もりお）

1943年、神戸市生まれ。神戸市外国語大学英米学科卒業、大阪大学大学院文学研究科英語学修了、ミネソタ大学言語学部客員研究員、ランカスター大学大学院言語学部在籍（MPhil）。熊本大学助教授、教授を経て現在熊本大学名誉教授。専門は英語学（形態論）、英語意味論／語用論、ラフカディオ・ハーン。

著書に『英語接辞研究』（2006、開拓社）、『現代英語語法辞典』（2006、三省堂、分担執筆）、『ラフカディオ・ハーンの英作文教育』（2011、弦書房、共著）、『英語接辞の魅力－語彙力を高める単語のメカニズム－』（2013、開拓社）。

シリーズ監修　赤野一郎・内田聖二

ちょっとまじめに英語を学ぶシリーズ3

接辞から見た英語　語彙力向上をめざして

English Affixes: To Enrich your Vocabulary
Morio Nishikawa

発行	2021年12月15日　初版1刷
定価	1600円+税
著者	© 西川盛雄
発行者	松本功
ブックデザイン	小川順子
印刷・製本所	株式会社シナノ
発行所	株式会社ひつじ書房
	〒112-0011 東京都文京区千石2-1-2 大和ビル2階
	Tel.03-5319-4916　Fax.03-5319-4917

郵便振替 00120-8-142852
toiawase@hituzi.co.jp　https://www.hituzi.co.jp/
ISBN978-4-89476-932-8

ひつじ書房　刊行書籍のご案内

ちょっとまじめに英語を学ぶシリーズ

シリーズ監修　赤野一郎・内田聖二

1 英語辞書マイスターへの道

関山健治著
定価 1,600 円+税

まじめな英語学習は「辞書に始まり、辞書に終わる」。冊子辞書から電子辞書・辞書アプリまで、最新の辞書メディアも含めた活用法を、練習問題を解きながら身につける。

2 Native Speaker に ちょっと気になる日本人の英語

山根キャサリン著　山根建二訳
定価 1,600 円+税

日本人がカタカナ語を英語として使用することで起こる間違い、動詞の使い分けなど、日本人が英語を使うときに注意すべきことを解説。英語を学ぶ人に無くてはならない一冊。